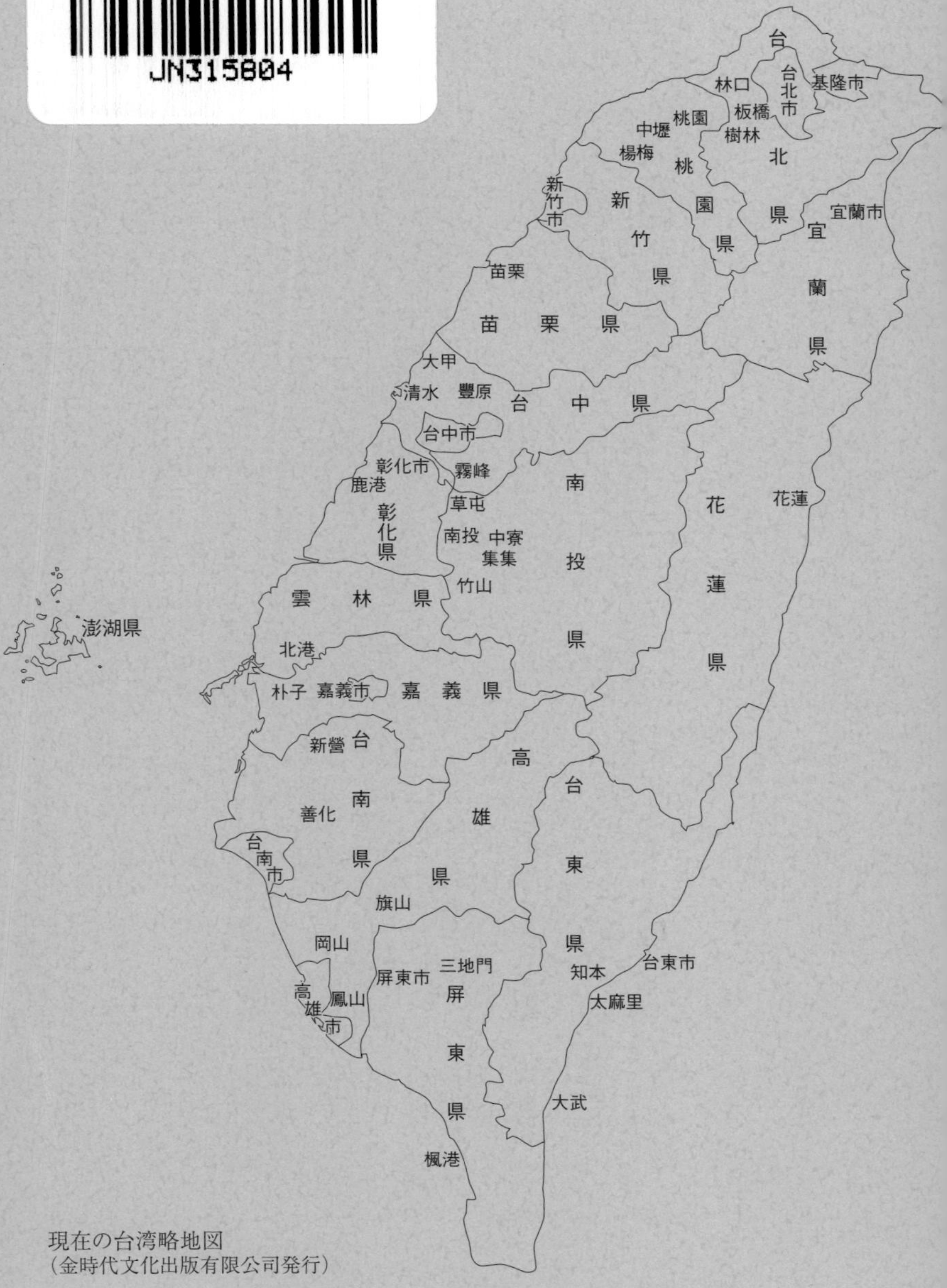

現在の台湾略地図
（金時代文化出版有限公司発行）

台湾と日本

激動の時代を生きた人びと

大谷 渡
Ohya Wataru

東方出版

台湾文化協会第１回夏季学校記念　霧峰「萊園」 1924年８月(林芳媖氏提供)

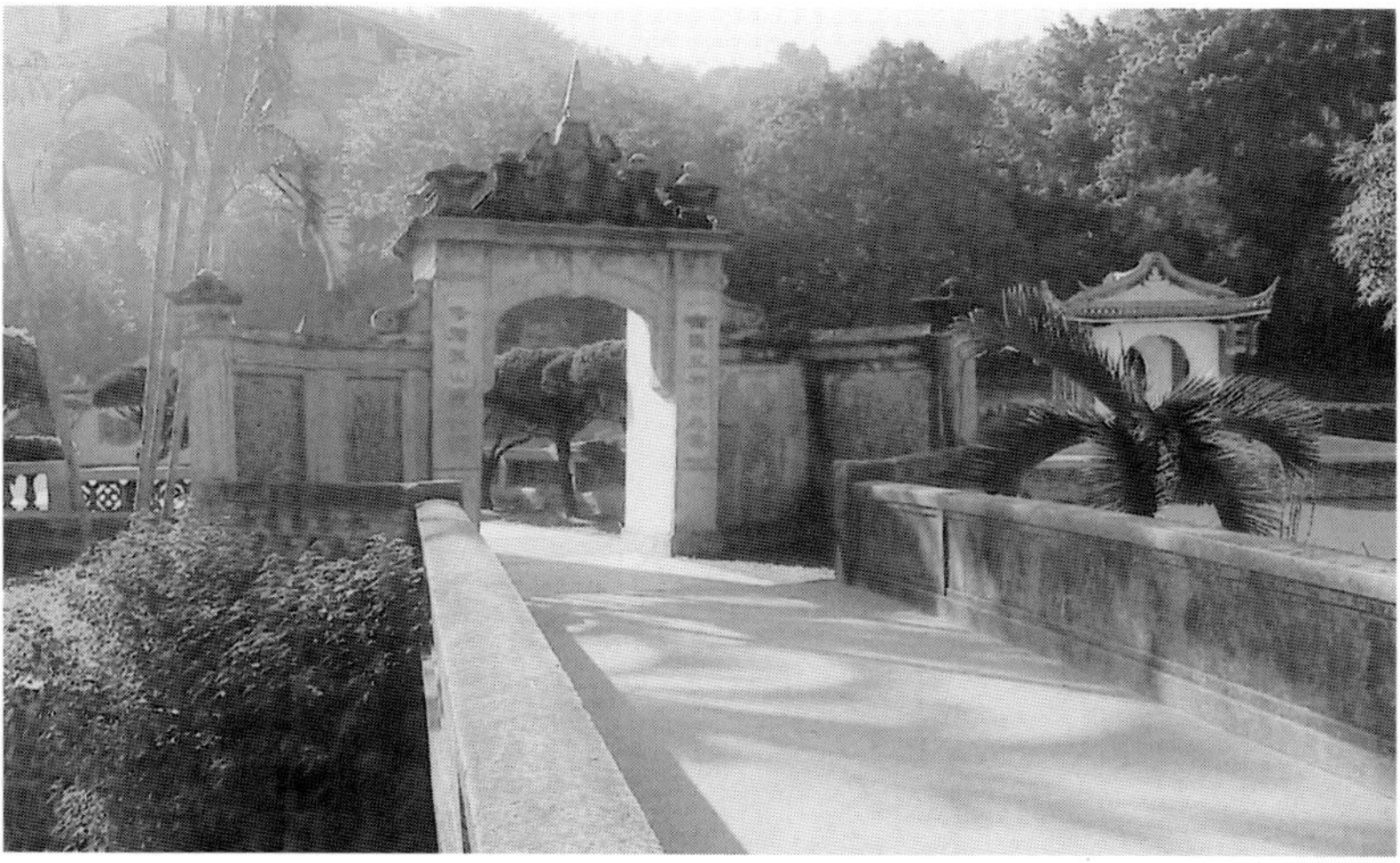

霧峰「萊園」入り口　2004年12月撮影

林献堂夫妻と家族　前列左端娘関関、後列左から婿高天成、長男攀龍、次男猶龍　1930年（林芳媖氏提供）

台中での北村兼子歓迎会　中央左北村兼子、1930年４月（北村家所蔵）

台南市花園小学校卒業記念　1934年（楊劉秀華氏提供）

台南高等工業学校の前で　左から２人目劉秀華　1935年１月（楊劉秀華氏提供）

北港公学校石川校長在勤十周年記念　中央石川止弋、３列目の左から６人目蔡孔雀　1937年３月（蔡孔雀氏提供）

1930年代中ごろの彰化街（黄王一媛氏提供）

新竹市住吉公学校日本旅行　1939年（林鄭順娘『半生略記』より）

●目次

第三章　女医を目指して　53

第四章　蔡阿信と彭華英　81

第五章　北村兼子と台湾　109

第九章　空襲と敗戦　209

はじめに

二つの顔

台湾の人たちはとても親切である。

年輩の人からも、若い人からも、人のあたたかさが自然に伝わってくる。日本の社会がいつからか、どこかに置き忘れ去ったような、ほのぼのとした「人情」に触れることがある。

台北から南に下るにしたがって、気温の上昇に比例して「人情」の温度も上がる。この温もりに魅せられて、私の台湾通いが始まった。

二〇〇四年の暮れにも、関西空港から台北に飛び立った。

台北での文献調査のあと、台湾鉄道台北駅から台南に向かった。特急自強号で四時間。丸石を敷き詰めたような冬の広い河原を幾つも越える。

都市と田園を縫って移り変わる車窓の景色を眺めていると、前の座席から二歳くらいの男の子が顔を出して笑いかける。チョコレートをあげると、おばあちゃんから注意されている様子。お礼に飴《あめ》をもらう。その飴を口に入れ、バッグから二通の手紙と写真二枚を取り出し、雲をつかむような旅の目的について思いをめぐらした。

写真の一枚は、一九三〇年（昭和五）一月のもの。北村兼子《きたむらかねこ》・林芙美子《はやしふみこ》・望月百合子《もちづきゆりこ》らが台湾服姿で写っている。もう一枚の写真には、「歓迎北村兼子女史」の文字が写っていて、同年四月に撮影されている。二通の手紙も同じ年のものである。一通は台中の陳炘《ちんきん》から北村兼子へ、一通は台南の坂本住枝から大阪の北村に宛てられている。

写真の一枚は二〇〇三年に、朝日新聞社主催で同大阪本社ビル一階で開催された「ジャーナリスト『北村兼子の情熱――男子無顔色』展」に展示されたものである。北村兼子展の開催中にシンポジウム「生誕一〇〇年　北村兼子の夢と現実」があり、私が基調講演を行った。

台湾からの二通の手紙の差出人はどんな人なのか。北村を歓迎し共に写真に写っている台湾人は、どんな人たちだったのか。わずかの手がかりをもとに、とにかく台南と台中を訪ねることにした。

台南駅は東側に小さな出口があり、西側に日本時代の面影を残す駅舎と中央改札口がある。二つの改札口とプラットホームは地下道で結ばれている。地下道に入ると、戦前・戦中の台南の街と人びとの写真が壁にずらりと展示されていた。当時を懐かしむかのような展示から、台湾が日本だったことにあらためて気付かされる。と同時に、かつての統治国日本に対する、現在の台湾の人びとの穏やかな視線を垣間見る思いがした。

駅の東側には、国立成功大学のキャンパスが広がっている。成功大学の前身は、戦前の台南高等工業学校である。キャンパスには、旧日本陸軍台南第二聯隊本部だった建物があり、夏には巨大な鳳木《ほうぼく》の緑と紅い花が目に染みる。この木にちなんで、台南高等工業の同窓会は鳳木会という。台北の公園では太極拳《たいきょくけん》に励む人たちを見かけるが、台南では違う風景に出合う。緑深い広大な台南公園の巨木の間に日本の古い歌謡曲が流れ、朝早くから社交ダンスを楽しむ人たちの姿が見られる。

台南の街を歩き、いくらかの感触を得てひとまず調査を終えたのはクリスマスイブだった。台南にはプロテスタント長老派の教会とミッションスクールがある。教会の施設の飾りと文字には、どこか敬虔《けいけん》な雰囲気《ふんいき》が漂う。

クリスマスの関係で自強号の切符が手に入らず、二五日朝に高速バスで台中に向かった。翌日南投《なんとう》県の国史館文献館を訪ねた私の目に、飛行機の残骸《ざんがい》が飛び込んできた。正面の広場に、朽ち果てた日本軍戦闘機の模型が置かれていたのである。模型には、「日本軍国主義の末路」と説明が付けられていた。

はるか昔の日本時代を懐かしむ穏やかな顔と、日本の戦争責任を鋭く断罪するきびしい視線。日本に対する台湾の二つの顔に、この旅で新たに接した思いがしたのであった。二つの顔は、もちろん台湾の戦後の歴史と深く関わり、政治的立場を抜きにしては考えられないものの、戦後史だけで説明できるほど単純な事柄ではない。

台湾の人びとが日本統治下でどのように生きたのか。その時代と人びととの心の襞《ひだ》に目を向けて初めて、台湾と日本の真実に迫ることができるように思う。私の台湾の旅の目的はその真実に触れることにある。それは本書のテーマでもある。

文化運動の世代

「台中県霧峰郷《むほうごう》の林献堂《りんけんどう》家の庭園を訪ねる予定です。」

台北と台南で、台中での予定を知人に話した。

「地震で壊れて、いまは何もないですよ。」

どの知人も物好きですねといった様子で、ニコニコ笑っているだけだった。一九九九年九月に、台湾中部を襲った大地震のことである。

台中市のすぐ南の霧峰を訪ねると、地震の被害を受けた林家の庭園が立派に修復されていた。「萊園《らいえん》」と称される庭園である。「萊園」を見下ろす丘に、古墳のような墓があり、巨大な石に林献堂の名が刻まれている。おもわず頭を下げる。

林家の祖先が霧峰に入ったのは、二百数十年前である。原住民の活動地だった台中一帯を支配し、台湾各地に力を示した。家系は下林家《しもりんけ》と上林家《かみりんけ》に分かれ、下林家は軍事、上林家は行政・学問を司った。上林家を継ぐ林献堂は、学識、人物ともに優れ、政治の才を兼ね備えた台湾有数の名士であった。日本統治下の大正から昭和にかけて、彼は「台湾の幸福」を求める文化運動と、台湾人の政治的自由を求める運動の中心に位置していた。

北村兼子が林献堂を初めて訪ね、「萊園」を鑑賞したのは一九三〇年一月だった。再度の訪問は同年四月である。この年二月に彼女の一一冊目の著書『新台湾行進曲』が出版され、林献堂が序文を寄せた。

北村兼子は当時二六歳、国際的に知られた女性ジャーナリストとして活躍していた。朝日新聞記者からフリーのライターに転じ、得意の英語とドイツ語を駆使し活動の舞台を世界に広げた。二九年五月に日本代表として万国婦人参政権ベルリン大会に出発した彼女は、大会終了後ヨーロッパ各国とアメリカを訪ねて秋に帰国し、旅装を解く間もなく台湾を訪ねたのであった。台北の書店には、彼女の評論や随筆が載った『改造』『政治経済評論』『雄弁』『経済往来』『法律春秋』『婦人公論』『富士』などが並べられていた。

北村に霧峰の林家訪問を勧めたのは、女医の蔡阿信《さいあしん》だった。蔡が自動車を用意して、夫彭華英《ほうかえい》と二人で北村を案内した。北村より四つ年上の蔡阿信は、東京女子医学専門学校（現在の東京女子医科大学）最初の台湾人卒業生であり、彭華英は明治大学政治経済科の卒業である。二人がともに東京に学んでいた大正中期、東京在住の台湾人留学生の間に「台湾の幸福」を掲げる文化運動が始まった。

民族自決主義、民主主義、自由主義は、第一次世界大戦後の世界的潮流となっていた。その熱気がデモクラシー運動の高揚期を迎えようとしていた東京で学ぶ台湾人留学生の若い力に点火し、民族的エネルギーを燃え立たせた。彭華英はその運動の中心にいた学生の一人であり、慶応大学学生だった陳炘もその一人だった。林献堂の周りには、一九二〇年前後に東京で学んだ若い優秀な人たちが集まっていた。

霧峰を訪ねた北村は、林献堂とその家族に親しく接した。東京帝国大学法学部出身の長男攀龍《はんりゅう》とは、幾編もの漢詩を交わして意気投合した。長女関関《かんかん》とその夫の高天成《こうてんせい》や、献堂の弟階堂《かいどう》にも歓待された。関関は台南長老教女学校卒業で、高天成は東京帝大医学部の出身、階堂は漢学の造詣が深かった。

このとき北村は、「抑圧に苦しむ者の声」を聞き、「人類愛の勝利」を信じようとする林献堂の人格に接し、その心の奥深くに響き合うものを確かめることができたのであった。

新たな出会い

二〇〇五年の夏は、台北の空の玄関桃園《とうえん》国際空港で国内線に乗り換えて高雄《たかお》空港に降りた。高雄から電車で屏東《へいとう》へ、そこからバスで三地門《さんちもん》を訪ねることにした。高雄のホテルでフロントの女性が、日帰りは無理ですと言う。

屏東は北村兼子が、山地から連れてこられた原住民の女性に会った場所である。ほかの日本人女性の好奇の目に晒《さら》されている彼女たちを、北村は気の毒に思ったのだった。私は北村が原住民の女性に会った屏東から山地に入って、現在の生活圏を歩いてみたかったのである。

三地門は険しい山のほんの門口ではあるが、山容は深くてつり橋からの眺めは、巨大な鋭い刃物で大きく切り取られたような姿をしている。黒味を帯びた緑の山肌に、淡い乳色の靄《もや》がかかっていた。急な坂道を登って行くと、濃い灰色の石を用いて石細工をする家が並んでいた。

屏東に戻ったころには、すっかり日が落ちていた。

翌日、高雄神社跡の山の上から高雄港を見下ろして、台鉄高雄駅から台南へ、そして台中、台北へと北上することにした。台南では北村の著書の愛読者だった坂本住枝が、台南婦人病院の看護婦だったことをつきとめた。まったくの偶然ではある。

台中では前年暮れに、霧峰で知り合った知人の案内で、蔡阿信が開業していた清信《せいしん》医院を知っているという蘇天賞《そてんしょう》医師に会うことができた。蘇天賞医師は一九二一年（大正一〇）の生まれである。台北《たいほく》帝国大学附属医学専門部を卒業し、台中市内で産婦人科医院を開業した。いまも毎日診察室につめている。

蘇天賞の姉永治《えいじ》が蔡阿信の清信医院に通って治療を受けていて、少年のころの天賞がよく姉を迎えに行ったという。昭和の初めのことである。蘇永治はのちに、日本女子歯科医学専門学校（現在の神奈川歯科大学）を卒業した。兄弟姉妹九人のうち四人が、日本の医専や医科大学を出て医師となった。蘇天賞が医師となったのには、心臓が弱かった母を健康にしたかったという、少年のころからの思いがあった。両親のこと、兄弟姉妹のこと、子供のころのこと、中学校時代や大学時代のことなど、蘇天賞医師からいろいろと話を聞くことができた。

私の台湾の旅は、北村兼子の足跡を訪ねるところから始まった。それは北村とのかかわりを入り口にして、一九二〇年前後に日本の大学に学んだ台湾の人たちの思想と行動を尋ねることでもあった。日本と台湾との関係史の中に、大正・昭和初期の時代状況を浮かび上がらせてみたいという思いがあった。

この私の思いは、蘇天賞医師と出会ったことで時代の幅を広げることになった。

一九二〇年前後に学生だった人びとはすでに他界し、もはや直接話を聞くことはできない。その時期に生まれた人たちからは、日本の教育を受け日本統治下で成人し社会的活動を始めた時期までのさまざまな思い出を聞かせてもらうことが可能である。この人たちは、日本の政党政治確立期の現代的文化が広がった昭和初期に初等教育を受け、中等教育をへて高等教育機関に学ぶころに、戦争の時代を迎えた世代である。日本の専門学校や大学で高い知識を身に付けたエリートの彼らは、統治者である日本とその社会や文化について、どのように考えていたのだろうか。

その時代を知るためには、当時の新聞や雑誌、手紙・日記・手記・公文書など、さまざまな記録を丹念に読み解くことが大切である。だがなんと言っても、その時代を生きた人からの直接の話にはインパクトがあり、しみじみと心に伝わる心情がある。もちろん記憶には、思い違いがあったり、その後の人生との関連で錯綜《さくそう》が生じたりする場合があるものの、それは文字資料との照合検討を通して克服できる部分であって、やはり直接の話には他では得られないものがある。

七〇年も八〇年も前の話は、いま聞いておかなければ二度と再び触れることはできない。ホテルのロビーで、あるいはその人の自宅で、私は語り手とともに三時間、四時間、またはそれ以上、回想の中に引き込まれたことがしばしばであった。

歴史は個人を飲み込んで、とてつもなく大きなうねりとなって動いて行く。この歴史の断層に生きた台湾の人びとの心情を、私は記録しておきたいと思う。その真実は、現在と未来の台湾と日本の幸福にわずかなりとも役立つものと信ずるからである。

本書では、人名と地名に日本語読みのルビを付した。話を聞かせてもらった幾人かの人たちから、いまの台湾での読み方よりもその方がよいと助言されたからである。

第一章　名家に生まれて

台南の富豪

台北の地下鉄を出ると、肌を刺すような夏の台湾の陽光が照りつけてきた。朝八時過ぎに台南を発って、台鉄台北駅に着いたのは昼過ぎだった。

昼食を用意して待つとの連絡をもらった女性の家を、台北市の中心街に訪ねようとしていた。セキュリティーのしっかりしたビルの五階に、彼女の住いはあった。

招き入れられた客室には、夫と共に世界を駆けて仕事をした過ぎし日の写真が飾られていた。女性の名は楊劉秀華《ようりゅうしゅうか》という。現在彼女は「亜東《あとう》関係協会」の理事であり、「財団法人国際文化基金会」の董事長《とうじちょう》でもある。

「亜東関係協会」は、一九七二年の日中国交成立に伴い、台湾と日本の国交が断絶したあと、日台交流のための実務機関として設けられた。台湾に「亜東関係協会」、日本に「財団法人交流協会」が設立され、相互に在外事務所が設置された。それぞれの在外事務所は正式国交が断たれたのちの、台湾と日本の間において、大使館や領事館の役割を果たしている。

二〇〇四年に亡くなった夫の楊基銓《ようきせん》は、戦後台湾政府の官僚として活躍し、財界の要職も務めたのち、アジア太平洋地区を中心に農村開発や植林活動などに取り組む国際NGOオイスカの台湾総会会長に就くなど、民間団体の活動にも尽力した。

楊基銓は一九一八年（大正七）に、台中清水街《たいちゅうきよみずがい》（現・台中県清水鎮）に生まれた。台中第一中学校から台北《たいほく》高等学校（旧制）に進み、一九三七年（昭和一二）に東京帝国大学経済学部に入学して在学中の一九三九年に高等文官試験行政科試験に合格した。

東京帝大を卒業した一九四〇年（昭和一五）には、拓務省に入省して台湾総督府に勤務し、翌四一年に高等官に任ぜられ満二三歳で宜蘭郡守《ぎらんぐんしゅ》となった。楊基銓が劉秀華と結婚したのは一九四四年三月、総督府殖産局をへて台北州商工課に勤務していたときであった。

劉秀華は一九二一年（大正一〇）五月二四日に、台南の名家で老舗「和源《わげん》」の屋号をもつ大地主の劉瑞山《りゅうずいざん》の五女として生まれた。商業界に名の通ったその屋号は、台南で知らぬ者はなかったという。

劉瑞山には三人の妻があり、七男五女のすべての子女に高等教育を受けさせた。

劉秀華の実母は王環冶《おうかんじ》といい、小柄で美しく心の広い女性であった。瑞山の最初の妻謝就《しゃしゅう》は若くして病没したが、亡くなる前に親族に見込まれ、王環冶が妻として迎えられた。

王環冶は、病床にあった謝就から長男と長女を託され、慈しんで育てた。

長兄夫婦と自家用車でゴルフ場へ、右から３人目、1934年（楊劉秀華氏提供）

劉家は祖父の代にクリスチャンとなっていて、家族は皆台南のキリスト教長老派太平《たいへい》境《きょう》教会の熱心な信者であった。秀華が子供のころには、施《せ》牧師が信徒を導いていた。施牧師はよく地理や歴史の話をした。敬虔なクリスチャンで利発な秀華は、牧師の話に感心できず、「どうして地理や歴史の話をするのですか。」と尋ねるような少女だった。

秀華の実母には三男三女があり、異母兄弟は四人、異母姉妹は二人であった。

異母兄で長兄の青雲《せいうん》は慶応義塾大学を卒業した。次兄の主安《しゅあん》は東京高等工業学校（現在の東京工業大学）を卒業し、台南のミッションスクール長老教女学校の教師となった。三番目の兄子祥《ししょう》も慶応義塾大学に学び、卒業後は父瑞山のもとで事務を担った。五番目の兄青和《せいわ》は、中国広東の嶺南《れいなん》中学卒業後ドイツに留学し、化学博士の学位を得て台湾に帰り、台北帝大の助手となった。次兄主安と五番目の兄青和は、同じ母から生まれた兄であった。

実母が産んだ二番目の姉彩仁《さいじん》は、日本女子大学校（現在の日本女子大学）卒業後さらに東京女子医学専門学校に学び小児科の医師となった。三番目の姉秀霞《しゅうか》も、同じ母から生まれた。秀霞は日本女子大学校を卒業し、林献堂のいとこ林烈堂《りんれつどう》の息子で早稲田大学卒業の林垂芳《りんすいほう》と結婚した。

小学校へ転校

劉秀華は一九二八年（昭和三）に、台南師範学校の附属公学校に入学した。

台湾の初等教育は、日本人の子供は小学校、台湾人の子供は公学校で行うのが一般的であった。一九二二年（大正一一）に台湾教育令が改正されるまでは、日本人子弟の教育は小学校、台湾人子弟は公学校と明確に区別されていたが、改正教育令公布後は日常的に日本語を話す台湾人家庭の子供は小学校に入ることができるようになった。

いったん公学校に入学した秀華は、二年生になるとき、慶応大学を出た兄子祥に連れられて試験を受け、小学校に転校した。

台南市には、花園《はなぞの》尋常高等小学校と南門《なんもん》尋常高等小学校があった。花園小学校は官吏の子供が多く、南門小学校は商人の子供が多かった。秀華は花園尋常高等小学校の尋常科を卒業し、主に日本人の娘が学ぶ州立台南第一高等女学校に進学した。

花園小学校台北旅行、1933年10月（楊劉秀華氏提供）

公学校一年生のときの成績が全部甲だった秀華は、小学校に転校すると、算術と唱歌のほかは全部乙に下がった。算術と唱歌の成績が下がらなかったのは、台湾人の彼女にとって、比較的言葉の上でのハンディが少なかったからである。

二年生のときと三年生のときの担任は女の先生だったが、四年から六年までは中山健次訓導が担任であった。当時の台湾総督府の記録をみると、花園尋常高等小学校訓導として「中山健次　福岡」と記されている。

中山先生は軍国主義的で、長い棒をいつも持っていた。ちょっとよそ見をするだけでも、児童の頭をバンとたたいた。よくひっぱたかれるので、子供たちの気も荒くなるほどだった。台南高等工業学校が設立されて、東京から赴任した教授の娘が学校で叱られ、「先生、ごめんなさい」と言って、その場でおしっこを漏らしたほどであった。

こんな荒くて軍人のような先生だったが、振り返ると不思議なことに、ひどい中にも愛が少しはあったと思える。台湾人だからといって、劉秀華に対する差別はあまりなかった。台南第一高女の受験を控えた六年生のときの、教官室でのことが思い出される。

「おい劉、お前は本島人だからな、人一倍勉強しないと受からんぞ。」

ゆっくりと語尾に力を入れながら、中山先生は秀華に語りかけていた。そういう言い方で励まされたことを、秀華はいまだに覚えている。

教会のバザーがあったとき、学校に券を持って行って友だちを誘ったことがあった。バザーに行く人には、お金で券を買ってもらおうとした。

それが中山先生に見つかった。

「お前は本島人だから、そんないやしいことをする。」

そう言って、さんざんひっぱたかれた。子供だったから、何がなんだかわからなかった。

けれども、中山訓導は四年生から六年生までに、彼女の成績にだんだん甲を増やした。最後には全部甲になって、秀華は卒業のときに優等賞をもらうことができた。

「だから悪くもない、スパルタ式の軍人みたいな先生に、あのころ出会ったのだ。」

劉秀華の回想の中に、遠い昔の中山訓導の姿が静かに浮かんでいた。

台南一高女

一九三四年（昭和九）四月、劉秀華は台南第一高等女学校に入学した。一学年は一〇〇人で、五〇人ずつの二クラス編成であった。入学した同級生に、台湾人は彼女のほかに呉英姿《ごえいし》と劉恵《りゅうけい》露《ろ》の二人しかいなかった。

呉英姿は医者の娘、劉恵露は総督府の官吏の娘であった。劉恵露は統治国日本の官吏の娘であっただけに、とても日本かぶれで、日本人になりたくてしようがない様子であった。

「私は劉恵露だけど、露子と呼んでほしい。」

同級生は皆「露子さん」と呼んでいた。

ある日、彼女は日本人の同級生と喧嘩した。

「なんですか、なんですか、劉恵露のくせに、何が露子と呼ばれるんだ。」

同級生は彼女をはげしく罵《ののし》った。

そのとき秀華は、「ああ、よかった」「私は秀子にも華子にもならなくて」、と思った。当時まだ女学校一年生だったが、このことは永遠に秀華の胸に刻まれた。

劉恵露は、まもなく父の転勤で転校したので、同級生の台湾人は呉英姿だけとなった。

台南第一高女の同級生と秀華との間には、何の溝もなく自然に溶け込んで、皆仲が良かった。

ニックネームで互いを呼び合い、秀華は「しゅうべえ」と呼ばれていた。

台南第一高女全体の同窓会は、これまでに台湾と日本で何度か開かれている。二〇〇六年五月には、花園小学校から台南第一高女に上がった劉秀華の同級生一四人が東京に集まった。

遠くから参加した八人が、帝国ホテルに泊まった。この夜に、劉秀華はもう今はわだかまりもないからよいだろうと思い、女学校時代の台湾人に対する差別のことを同窓生に話した。

劉秀華は、入学したとき台南市で最も成績が良かった。学年二クラスの級長、副級長、副副級長は、成績の良いものから順に任ぜられたが、劉秀華は在学中、台湾人であるがゆえに、級長にも副級長にも副副級長にも任命されることはなかった。彼女は本当に悲しくて、やけっぱちになったこともあったが、成績はあまり下がらなかった。

ピアノの先生と共に、左が劉秀華（楊劉秀華氏提供）

卒業式が間近に迫ったとき、教官室の掃除に行った友達が、先生の机に置かれている上位者の成績を見てきた。彼女たちの話では、劉秀華は学年で三番であった。前年度までの卒業式では、七番までの卒業生を成績優秀者として表彰していた。劉秀華は卒業式で、確実に学力優秀の賞状を受けるはずだった。

台南第一高等女学校３年生国分学級、1936年（楊劉秀華氏提供）

ところが、卒業式の予行演習では成績上位四番までが表彰されることになっていて、秀華の成績は三番から五番に落とされていた。

卒業式の日、秀華がもらったのは皆勤賞だった。彼女は悔しくて、賞状を小さくちぎって机の上に置いて帰った。家に帰って、大きな鏡の前でおもいっきり泣いたことを、今も覚えている。

のちには、一番になった台湾人生徒を卒業式で表彰したことがあるようだが、彼女たちの卒業のころまでは、台湾人生徒を成績優秀者として表彰しないのが政策上の方針だったと劉秀華は確信している。実際、日本人生徒が多くを占める女学校では、植民地における被統治者である台湾人生徒は、いくら成績が良くても一番として表彰しない方針がとられていたのである。

二〇〇六年五月の同窓会のあと、いっしょに帝国ホテルに泊まり、その話を聞いた同級生は、帰ってから劉秀華に手紙を書いた。そこには、「しゅうべえ、日本人の私たちがそんなにあなたを差別したことを知らなかった」「ごめんなさい」としたためられていて、劉秀華は友の言葉をうれしく思うとともに、当時そういう目にあったことを人生の上でいいことだったと、今はとらえている。

女学校時代に彼女の心が慰められたのは、良い先生に出会えたことであった。京都帝大や東北帝大出身の、純真で熱心な若い先生たちがいた。のちに考古学、民俗学研究に力を注いだ国分直一教諭は、彼女たちのクラス担任であった。数学の大内教諭は、彼女の試験がとてもよく出来ているので、満点にプラス一点をつけて励ますような先生であった。

違和感に心を砕く

級友と仲良く過ごした女学校時代であったが、小学校のときから気がかりなことが二つあった。一つは昼食の弁当のことであり、いま一つは父兄会のことであった。

昼食のとき、当番の生徒が弁当のふたに湯を注いでいく。弁当のふたを開けた瞬間に、違和感が広がるのが苦になった。級友の弁当は日本のもの、秀華のそれは台湾のものであった。卵一つをとってみても、焼いたものと煮たものというように料理の仕方が違っていた。

そのころを回想し、彼女は次のように語った。

あの当時、日本人は優越感が強いから、台湾のものを見るとばかにするんですよ。

辛かったですよ。

気にするのよ。子供心にもね。私、作り方知らないでしょう。だから、一生懸命に見て、それに合わせるように、母に作り方を教えたり、海苔はこうかけるのだとか言って教えました。

近所に購買部というのがあって、日本から取り寄せたおかずが売られていた。鯛の子とか筋子とか漬物とか。

日本の方、買いに行くんですね。私、たしか母に買いに行ってとねだったような気がします。

そんなことに、小学校のときから気を遣ったことを思い出します。

でも、そういうふうに気を遣うということを知ったのは、私にとってはよかったと思う。

父兄会が苦になったのは、母が纏足《てんそく》だったからである。秀華の母の世代までは、裕福な家庭の女の子は、四、五歳から足に布を巻き、第一指以外を足裏に折り込むように固く縛って大きくしない風習が残っていた。労働をしない階層の娘は、小さい足にして良縁に恵まれるよう、親が纏足をしたのである。

纏足をした女性は、足が極端に小さいため外出の時は不自由であった。母に代わって、慶応大を卒業した兄子祥が、父兄会に来てくれたことを思い出す。

劉秀華の生家は、まことに裕福であった。大地主だった彼女の家には、小作人の女の子がたくさん引きとられていた。何がしかのお金と引き換えに、貧しい小作が娘を金持ちに売り渡すのである。何年間か働く者もあれば、一生そこで働くことも、そこから嫁に行く者もあった。

台南第一高女修学旅行屏東山地門、1936年11月（楊劉秀華氏提供）

大正中期に文化運動を始めた東京の台湾人留学生は、一九二〇年七月に『台湾青年』という雑誌を発刊した。その一〇月号に、陳崑樹《ちんこんじゅ》が「婦人問題の批判と陋習《ろうしゅう》打破の叫び」という文を寄稿し、「査某嫺《さぼうかん》（一種の女中）の売買契約」の廃止を徹底せよと主張していた。たとえこれを養女の名で呼んだとしても、「人間を人間視しない売買契約」が結ばれ、虐使されるのであれば、奴隷的生活から解放されたとは言えないと述べている。そして、日本内地のように雇用関係をもった「女中制」に改造すべきだと訴えている。

劉秀華の家にいた少女たちは、売られてきた「査某嫺」だったのではないだろうか。

秀華の家には一二、三歳の女の子がたくさんいて、彼女は幼いころから、ハンカチ一つ自分では取りに行くことのない生活のなかで育った。

子供のころ秀華は、売られて来た何人もの女の子が寝ている部屋に潜り込んで、彼女たちとよく話をしたことがあった。そんな、夢の中のような時代だったと、彼女は当時を回想している。

名家の娘として、かしずかれて育った彼女にとって、支配民族の優越感を鋭く感じ取った統治下における小学校、女学校時代の体験は、唯一辛い出来事であった。それゆえに彼女は、抑圧される側のものとして「気を遣うということを知った」体験は、その後の人生の上で自己の内面を豊かにする苦労だったと感じているようである。

日本女子大へ進学

一九三八年（昭和一三）四月、劉秀華は日本女子大学校家政学部に入学した。女子大時代は、彼女自身「いちばん人生で楽しかった」と回想するような時間を過ごした。

秀華は、日本女子大の明桂寮に入った。同じ寮生で二つ年上の今泉和子を、とても尊敬していた。寮の部屋は四人ずつで、各部屋の最上級生は「ママさん」、一年生は「ベビー」と呼ばれた。

部屋割のとき、上級生は自分の好きな人と一緒になりたがる。劉秀華はどの上級生にも歓迎されたが、言葉や生活習慣が異なることから、朝鮮人や台湾人、満州・蒙古・中国から来た学生とは、あまり一緒になりたがらない傾向があった。それで、その人たちはだんだん後の方に残っていくのだが、最後に残った人を拾い上げるのが今泉だった。

この今泉和子に誘われて、劉秀華は塚本虎二の聖書研究会に参加するようになり、矢内原忠雄

聖書研究会山中湖畔、２列目左から２人目（楊劉秀華氏提供）

の説教を聴いた。女子大時代には、内村鑑三の思想に傾倒した。聖書研究会には、一高・東大・早稲田などの学生がいて、女性では津田女子英学塾、東京女子高等師範、日本女子大、東京女子大などの学生が参加した。

日本女子大の寮生活では、修練、講話、瞑想の時間があって、精神的な教育を受けた。

『図説日本女子大学の八十年』（一九八一年刊）には、「寮のあけくれ」と題し、戦時下の寮の一日を描いた絵が掲載されている。この絵は、「寮取りこわしの際、寮日誌とともに発見された絵日記」とのことである。「日本女子大学校寮舎全景二十三寮」の絵の中に、明桂寮の名がみえる。

「夜の自習」の絵のキャプションには、「六時三〇分～八時五〇分 夜の自習」「八時五〇分～九時 夜の瞑想」とあり、「瞑想会」の絵のキャプションに「修練生活の一つとして、瞑想会があった」と記されている。この「瞑想会」は、戦時の修養というよりも、平和な時代からの哲学的、精神的向上のための自主的取り組みと関連するものだったようである。

秀華たちは寮で賛美歌を歌い、本を読み、議論をし、人生を語り合った。男性の高等学校のような雰囲気があって、とても楽しい充実した生活だった。豊かな家庭の娘ばかりだったので、銀座や新宿の高級すし屋やフランス料理店を食べ歩いたりもした。

当時日本女子大では、精神教育に非常に力を入れていて、その教育はとても良かったと彼女は思っている。また一方では、合理的な教育が行われ、理工学や経済の原理を教えられた。それによって、生活と考え方が非常に合理化されたという。とくに、日本女子大での精神教育と、聖書研究会での活動によって、劉秀華は容易には妥協しないというその後の彼女自身の精神が形成されたと確信している。

信念を曲げずに

一九四一年（昭和一六）になると、寮で賛美歌を歌うことが禁じられた。なぜ賛美歌を歌ってはいけないのかと抗議したが方針は変わらなかった。秀華は寮を出ることにし、台湾出身の牧師に相談して、ミッションスクールの東洋英和女学院の青楓寮に入れてもらうことになった。

二か月ほどして、明桂寮の舎監とばったり会って、「帰っておいで」ということになり、明桂

日本女子大時代、前列左から２人目（楊劉秀華氏提供）

寮に帰って四一年一二月に日本女子大を卒業した。繰り上げ卒業だった。

明桂寮には、若い舎監と年配の舎監の二人がいて、年配の舎監は藤原先生といった。卒業式の日、劉秀華はビロードの中国服を着ることにした。

ほかの卒業生はみんな羽織、袴であった。講堂と学寮の間には、長い庭があった。その庭で、卒業証書を手にした彼女は、藤原舎監とばったり会った。

藤原先生は劉秀華の姿を見て、涙を流さんばかりに喜び、「長いこと舎監を務めてきたが、あなたのような人に初めて会った」「それでいいんだよ、それでいいんだよ」と声をつまらせた。

「私も泣き出しました」「うれしかったですよね」と、中国服で臨んだ卒業式を思い出し、その日の藤原先生のことを彼女は感慨を込めて振り返った。

劉秀華は日本女子大卒業後、一九四二年（昭和一七）一月から四三年四月まで、東洋英和女学院の青楓寮の副舎監として勤めた。月給は七〇円だった。戦争が激しくなり、だんだん食べ物が少なくなってきて、築地へ買出しに行ったりした。

そのころ、五番目の兄青和がドイツ留学から戻り東京に来ていて、日本語の勉強をしていた。一九四三年四月、この兄といっしょに、秀華は台湾に帰ることにした。

青楓寮に勤めている時のことだった。一人の青年が、寮まで秀華を訪ねてきた。当時は若い男性と女性が、親密に話すようなことはなかった。日本女子大の明桂寮も、もちろん厳格だった。それまでに、彼女には日本の男性との付き合いはなかった。

青年は東北の出身だった。

「ずうずう弁で、ひげを生やしていらっしゃいました。」

青年の姿を、思い浮かべるように彼女は言った。

古いアルバムに、幾枚かの聖書研究会での写真が貼られている。夏の山中湖畔での写真には、帽子を着けた笑顔の彼女が写っている。

聖書研究会に参加していた学生の中に、一高から東京帝大医学部に進んだ青年がいた。研究会での集合写真には、まだひげを生やしていない彼の顔も見える。

青楓寮に秀華を訪ねた青年は、「結婚してください。」と、秀華にプロポーズした。

「ごめんなさい。私は日本の方とは結婚しないことにしているの。」

そう言って、秀華は泣いてしまった。

日本女子大卒業写真、1941年（楊劉秀華氏提供）

台湾に帰ってから、彼女は青年から手紙をもらった。男性と手紙を交わしたこともなかった秀華が、青年の手紙にせっせと返事を書いた。

「日本の方と結婚しないことにしているの。」と言ったあと、どうして泣き出したのかは今もわからない。ただ、その時のことを思い出すと、ほのかな淡いものを感じるのである。

結婚してから、「それでよかったのだろうか。」と思うことがあった。あの時の「反抗的な気持ち」のことである。

台湾に帰って

劉秀華が日本から帰ったころ、台湾では皇民化政策が強力にすすめられていた。決戦態勢強化を目的とする若い女性の「桔梗倶楽部《ききょうくらぶ》」が各地で結成され、「錬成《れんせい》」が叫ばれていた。当時の『台湾日報』には、各地の「桔梗倶楽部」結成の模様や、活動の様子が写真入りで報じられている。

台南の「桔梗倶楽部」では、皆もんぺをはいて、「錬成」目的の田植を行ったり、代用品作りなどに励んでいた。劉秀華もこの団体に入らなければならなかった。無理やりに会員にさせられた彼女は、あまりまじめにはやらなかったという。改姓名をしていた台湾人も多かったが、劉秀華はしなかった。

台湾に帰って一年後、一九四四年（昭和一九）三月に、彼女は楊基銓と結婚した。若くして統治国日本の高等官として宜蘭郡守を務める楊基銓の名は、台湾の人びとに知られていた。だが秀華は、当時その地位について、感心はしなかった。

楊劉秀華は、「私、あのころ日本嫌いでした。ある程度差別されたから。」と言い、次のように語る。

台湾の人かわいそうなんですね。全然育てられなかった。政治にも携わらせてもらえなかった。行政なんて全然知るはずがない。

台湾の人にできることといったら、お医者さん以外にない。弁護士、あと自由業。大切な国家にかかわることに、携わらせてもらえなかった。主人なんかは日本の官吏になって、法律、制度、章程を作るのが上手だったけれど。

当時私は、日本嫌いだった。差別された時、どうして差別されなきゃいけないんだろうと思った。日本の戸籍持っていて、台湾で育てられた。日本に行った時と、台湾に帰ってきた時と、それは違っていた。日本内地では日本人の優越感というものを感じなかったが、台湾にいる日本人にはどうしてもそれがあった。

宜蘭郡守時代の楊基銓、中央左、1941年８月（『台湾に生を享けて』より）

裕福な家庭の娘として、高等教育を受けた日本での暮らしと、被統治者としての台湾での体験は大きく違っていたのである。彼女は、日本で受けた高等教育をとても良いものだったと評価しつつも、異民族による植民地支配の罪をはっきりと指摘しているのである。

劉秀華の父は、彼女が少女だったころ、厦門《アモイ》の鼓浪嶼《ころうしょ》に土地を買って、そこに親戚が多く住むことになった。中国を忘れずに、行き来するつもりだったのである。だが、戦争のために親戚の人たちは皆シンガポールに行くことになり、その人たちは今はもう故人となっている。

秀華の夫楊基銓は、台北州産業部工鉱課長として終戦を迎えた。楊基銓は自叙伝『台湾に生を享《う》けて』の中で、高等官として天皇の玉音放送を聞いた時のことを記している。日本人の「同僚たちはいずれも暗然たる面持ちで、どうしたらよいかわからない、といった様子であった」という。そして、「私は、ついに戦争が終わり、もう空襲で恐い思いをしたり灯火管制の不便に悩まされたりすることもないとほっとした」、「ことに台湾が日本の植民地統治から脱することができるという喜びでいっぱいであった」と、終戦の日の気持ちを記している。

敗戦によって、それまで支配者として台湾に君臨していた日本人は、台湾人を半世紀にわたって「搾取してきた罪を償う」立場へと転落したのであった。そして、台湾は、台湾人の手に戻るはずであった。

だが、「いつの間にか中華民国の国民になった。承諾なしでしょう。それが腹が立つ。」と話しながら、楊劉秀華は『国際文化基金会叢書　台湾、そして台湾人』を差し出した。

楊基銓が「国際文化基金会」を設立し、啓蒙活動に専念したのは一九九七年であった。彼の自叙伝『台湾に生を享けて』の終章は、「私は台湾人だ、中国人ではない――あとがきに代えて」である。楊劉秀華は、亡き夫の遺志を継いで、「国際文化基金会」の董事長として、啓蒙活動を続けている。

第二章　医者と技術者

地域医療のために

台鉄台中駅から嘉義《かぎ》まで、自強号だと一時間半である。ここから北西へ台湾海峡の方に向かって、車で三〇分余り走ると雲林《うんりん》県北港鎮《ほっこうちん》に着く。

戦前の行政区画では、嘉義も北港も台南州に属していた。嘉義は、阿里山《ありさん》鉄道の起点でもある。三時間半かけて、熱帯・亜熱帯・温帯の各樹林を抜けて、海抜二一九〇メートルの阿里山駅まで登るのである。山の上は真夏でも肌寒い。

阿里山を背にして、北港に向けて嘉義市を出ると、はるか彼方まで田畑が広がる。その平地を北から南へと、開通を控えた高速鉄道（新幹線）の高架が続いていた。

北港には北港朝天宮《ちょうてんぐう》がある。台湾で一番大きい媽祖廟《まそびょう》だという。

田園の中に突如現れたような北港の街は、道路が広く賑《にぎ》やかだった。

タクシーを降りて、大きな交差点を右に曲がり、しばらく歩くと金長味《きんちょうみ》内児科診所の看板が目にとまった。蔡孔雀《さいこうじゃく》医師の医院である。

蔡医師は、「ちょっと待ってください。」と言って、診察室の横にある応接室から二階に上がった。背広に着替えネクタイを締めて、蔡医師が再び現れた。ゆっくりとした静かな物言いにも、折り目の正しい人柄を感じる。四か月前に初めて会った時には、北港から台南までわざわざ出向いてもらったのだった。

応接間の机には、古いアルバムが二冊置かれている。中学校時代の写真の中に、ブラウスとスカート姿の若い女性が少し離れたところを歩いている写真が一枚貼られている。「ミッションスクールの女生徒を盗み撮りしたんです。」と、少しはにかみながら蔡医師が言う。生真面目な優等生だった蔡少年の、微笑ましい一面である。

話していると、時どき来院者がある。若い女性看護師が呼びに来る。そのたびに診察室にゆっくりと歩いて行って白衣を羽織り、診察が始まる。広い診察室が、離れた応接間から垣間見える。

蔡医師は、二〇〇六年五月の『当代医学』第三九一号に、地域の人びとの健康を黙黙と献身的に守りつづけた「雲林北港の守護神」と紹介されている。六〇年の長きにわたり、地域医療に貢献してきた蔡医師の功績を称えたものである。

蔡孔雀は、一九二一年（大正一〇）一月五日に台南州北港郡北港街北港（現・雲林県北港鎮）に生まれた。父は蔡然美《ぜんび》、母は蔡許辜《きょこ》である。父蔡然美には数人の兄弟がいて、兄二人と共同経営で商売をしていた。北港街には製糖会社があって、日本人が多く住んでいた。蔡然美の店は、北港の日本人が必要とする品物を何でも揃《そろ》えた一種の百貨店だった。父の末弟すなわち孔雀の叔父は、千葉薬専を卒業して薬剤師となり、製薬会社を経営していた。北港街は、当時人口四、五万人の田舎町だった。

公学校から台南二中へ

蔡孔雀は、北港公学校高等科卒業後、台南第二中学校に進み、台北帝国大学附属医専部を出て医師となった。公学校時代は昭和の初めであり、割合に自由な雰囲気だった。当時は北港郡の田舎では、裕福な家庭の子女でないと公学校に行くことはできなかった。

北港街には、男子の北港公学校と北港女子公学校があった。当時の台湾人家庭では、女の子よりも男の子の方を就学させる家庭が多かった。女の子を公学校に行かせる家庭は、男の子の半分もなかったというのが、蔡医師の子供のころの印象である。なお、北港には北港尋常高等小学校があったが、こちらは日本人児童を対象としたもので、台湾人児童は国語すなわち日本語の常用家庭でないと入学できなかった。

台湾総督府の記録によると、一九三二年（昭和七）に北港公学校は本科一七学級で教員数一九人、北港女子公学校は本科七学級補習科一学級で教員数九人だった。北港公学校には、翌三三年から高等科が置かれ一八学級となっている。蔡孔雀が在校した時期の北港公学校の校長は、石川止弌であった。

北港公学校本科時代の蔡孔雀、３列目左から４人目（蔡孔雀氏提供）

アルバムには、前列中央に石川校長が座った幾枚かの集合写真が貼られている。写真を見ながら、「これは本科時代、これが高等科、こちらは卒業生が集まった中学生時代」と説明し、「いい校長でした。終戦後一回いらっしゃって歓迎したことがあります。」と、蔡医師は当時を懐かしむ様子だった。

北港街で中学校へ進学できた台湾人は、当時一年に三人か四人ぐらいだった。一般に公学校では、台湾人児童が大学へ進学することを歓迎しなかった。優秀な児童には、師範学校へ行くことを奨励した。公学校の本科を卒業して高等科をへて、師範学校へと進み、台湾人児童の初等教育を担う人材を育成するのである。

小学校と公学校では、教科書が違っていた。公学校本科一年生は、「あいうえお」から習う。低学年は、たいていは台湾人の先生が受け持った。三年生以上の学年では、台湾語を話すことが禁止された。

公学校では日本内地の小学校と同様、紀元節や天長節などの行事が行われた。教育勅語の奉読もあった。五、六年生では、修身の時間に教育勅語を暗唱しなければならなかったが、歴代天皇の名前を暗唱することはなかった。

蔡孔雀は、一九三五年（昭和一〇）三月に北港公学校高等科を卒業し、四月に州立台南第二中学校に入学した。台南第二中学校は台湾人を対象としていて、日本人生徒は一学年三クラス一五〇人中、一割の一五人程度であった。これに対して日本人対象の台南第一中学校は、九割が日本人で台湾人生徒は一割程度であった。

台南二中・屋良朝苗教諭（林耿清氏提供）

蔡医師は、中学校時代に良い先生に出会えたという。のちに琉球政府第五代行政主席（最初の民選行政主席）となった屋良朝苗は、当時台南第二中学校で物理と化学を教えていて、たくさん実験をしてくれたことが印象に残っている。屋良教諭とともに数学の藪根智顗教諭も教え方が上手で大変熱心であった。どちらも広島高等師範学校の出身だった。台南第一中学校と第二中学校では、教科書が違っていたので、参考書を買って自分で受験勉強をした。だから、「本当に苦しかった」と、蔡孔雀は振り返る。藪根先生は、教科書にない入学試験問題を放課後にも熱心に教えてくれたという。

台北帝大医専部へ

台南第二中学校の校長が矢野速吉から後藤義光に代わった三年生のときに、盧溝橋事件が起こり日中戦争が始まった。後藤校長のときから、学校の行き帰りにゲートルを巻かなければならなくなった。それまで霜降りだった制服はカーキ色に替えられた。

中学校では一か月に一度、学校全体で台南神社へ参拝した。蔡医師は、「あれは、日本魂の教育ですね。」と回想している。

地理歴史担当の高橋正尾教諭は、戦争がどうなったとか、軍人、兵隊、ヒットラーがどうなったとか、生徒の前でよく説明して聴かせた。蔡孔雀は、戦争の話をさかんにした高橋教諭について、「ほらを吹く人」との印象をもった。日中戦争が長引きだした四、五年生のころには、引率されて台南駅で出征兵士を見送ることが多くなり、学校での作業時間も増えた。台南二中には学校の寮があったが、自宅から通学する者のほかはほとんど下宿していた。蔡も下宿生だった。

一九四〇年（昭和一五）三月に、蔡孔雀は台南第二中学校を卒業し、同年四月に台北帝国大学附属医専部に入学した。彼が医師を目指したのは、祖父が漢方薬店を開いていたことと、叔父が製薬会社を経営していたことに導かれたからである。父蔡然美は、孔雀に医学の方に進むように

台南二中矢野校長送別記念、1937年（蔡孔雀氏提供）

と勧めた。のちに開業医となったとき、彼の医院は祖父の漢方薬店の名を採って「金長味」と名付けられたのである。

　蔡孔雀が入学した年の台北帝大医専の入学者数は八〇人、うち日本人五〇人、台湾人三〇人であった。台北帝国大学附属医専部には、東京帝大や京都帝大の教授級の先生がいて、非常によい教育を受けたという。医専の教育方針では、一九〇二年（明治三五）に台湾総督府医学校長となった高木友枝の書いたものに感銘を受けた。在学当時を振り返って、蔡医師は次のように語っている。

　あの時の教育はよかった。医者は金儲けするだけじゃない。医者になる前に、人間として人格を養成しなければいけない。こういう主張のもとに、教育を受けた。あの時の政策はよかったですね。中学校や医専における修身のような教育は、大切なものだったと思う。

台北帝大医専部音楽部、右端が蔡孔雀（蔡孔雀氏提供）

　蔡医師が台北帝大附属医専部在学中に、台南第二中学校は創立二〇周年を迎えた。一九二二年（大正一一）の開校から数えて二〇年目の一九四二年（昭和一七）に、校友会誌『竹園』の「創立二十周年記念号」が発行されていて、第一四回卒業生蔡孔雀の「随想」が掲載されている。蔡はここで、まず「濾過性病原体に就て」を述べ、続いて「所《いわ》謂《ゆる》『科学する心』についての知見」を記した上で、「医学に志す者の為に」を書いている。

　蔡孔雀は、橋田邦彦文相の言葉「科学する心」を引いて、「自然科学者が自己の犠牲を忘れても研究に生涯を捧げるのは自然の真理を見出した時、その美しさに無上の愉快さを感ずるからである。併《しか》し之のみでは偉大なる研究はなされない。加ふるに人類愛と云《い》ふものが、彼等の根底に横《よこた》はつてゐるからである。」と述べている。

　続いて蔡は、台北帝大附属医専部のある教授の最初の授業を紹介し、「今日程医者が世間から軽視せられた時代はない。これと言ふのも昔の医者は、『医は仁術也』を標榜《ひょうぼう》して国手（医師のこと）たるの自覚が強かつたからである。」「諸君が将来一人前の国手になつたならば、患者に対するに、至親《ししん》に接する愛の気持を持つて貰《もら》ひ度《た》い。」との言葉を引いて、「教授の眼には言ひ知れぬ慈愛の光が漲《みなぎ》つてゐた。」と書いた。そして、人はしばしば『この愛』を閑却する」と記し、「日本には古来の医道精神があつたのである。一般社会に於《おい》て生ずる医師の悪評は医道精神の忘却されしが為である。医道ばかりではない。総《すべ》てに於てである。日本化が叫ばれるが、化するにあらず、古来より存する精神に帰へる事、即《すなわち》道の復興である。」と述べている。「随想」の文末には、「於台北　十月十五日記」とあるから、四一年の秋にこれを書いて、台南二中の校友会誌に寄稿したのであろう。それは、医学生蔡孔雀自身の志であった。

蔡孔雀は、一九四四年（昭和一九）九月に台北帝大附属医専部を卒業した。卒業後は医専の校長の勧めで、台北赤十字病院に医師として勤めた。赤十字病院は、後方部隊の入院場所だった。一九四五年（昭和二〇）には、米軍の空襲がしばしばあった。夜や未明の空襲のとき、防空壕に逃げ込んだ。台湾人医師のなかには、徴用されて南方へ行った人があった。蔡医師は、徴用された開業医で、南方から帰って来た人を知っているという。軍医が不足したので、若い医者が徴用されたのである。

終戦後、蔡孔雀は北港に帰って、製糖会社の医務室に四年間医師として勤務した。戦後間もない時期の北港では、コレラや天然痘、マラリアなどの伝染病が流行した。製糖会社の医務室勤務時代に多くの病人を治療した蔡医師は、北港鎮中正路の現在地に医院を開業した。

終戦直後、北港住民の生活は、一般にはまだまだ貧しいものであった。蔡医師は、貧しくて治療費を払えない人びとを無料で診療した。家計にやや余裕のある人びとは、診察費や薬代の代わりに鶏や鴨を蔡医師のもとに届けたという。

台南二中の同級生

蔡孔雀と葉英杰《ようえいけつ》は、台南二中の同級生である。初めて両氏に会った八月中旬の午後、二人は連れ立って現れた。蔡医師が同級生を誘ったのである。二人の中学校時代の話を聞いていると、時折り「それは違う。」「いや、そうだった。」と言い合う様子がいかにも同級生という雰囲気で、とても微笑ましく感じられた。

葉英杰は、中学校卒業後一年間、東京お茶の水にあった予備校の日進英語学校に通い、一九四一年（昭和一六）四月に福井高等工業学校（現在の福井大学）に入学した。

葉英杰は一九二二年（大正一〇）一一月五日生まれで、祖父は台南の大地主であった。生家は台南市白金町《しろがね》（現・台南市忠義路）にあり、父葉書田《しょでん》は鉄工所を経営し、母の名は趙漱清《ちょうそうせい》といった。葉英杰は台南市の末広《すえひろ》公学校を卒業し、台南第二中学校に進学した。

公学校時代の担任は六年間に三人いて、いずれも日本人だった。葉英杰は体格が大きい方ではなかったし、多くの児童がそうであったように、一年後れの数え年九つ上がりで入学した。同学年には、数えの一一歳で入学した児童も七、八人いた。葉は公学校に入ったとき、日本語をまったく知らなかった。受け持ちの先生は、台湾語を知らない。日本人の先生から、「これは花」というように、言葉を教えられた。

一年生から四年生までの受け持ちの先生は良かったが、五年生のときの山本という担任は、児童の頭を竹刀で叩くひどい先生だった。中学校ではどんなことがあっても、先生が生徒を叩くようなことはなかったが、公学校では日本人の先生も台湾人の先生も叩いたので、当時の思い出は良くないという。六年生のときの担任は学年主任の宮本実訓導、校長は米田亀太郎であった。末広公学校では、中学校への進学希望者を一人でも多く台南第二中学校に合格させようとして、補習に力を入れていた。

台南第二中学校（林耿清氏提供）

葉英杰たちが台南第二中学校に学んだころには、同校に台湾人の先生はいなくて、台湾人は嘱託の校医蘇丁受《そていじゅ》だけだった。葉英杰は、校医の名を今も正確に覚えている。

公学校での先生の思い出は良くないが、中学校の先生はとても良かった。国語の古山《こやま》教諭は、若くてお人好しだったので生徒に好かれたし、物理化学の屋良教諭は休日にも教えてくれた。数学の藪根教諭は、教え方が上手だった。

台南二中・高橋正尾教諭(林耿清氏提供)

三年生のとき、校長が矢野速吉から後藤義光に代わると、学校全体の指導方針がきびしくなった。後藤校長は、生徒の夜の外出を禁止した。矢野校長は東京高等師範の出身で、後藤校長はたしか広島高等師範の出身だったと思う、とのことである。中学校では、一か月に一回、団体での神社参拝があり、孔子廟への参拝も一年に一回行われた。

蔡孔雀が「ほらを吹く」との印象をもった地理歴史の高橋教諭について、葉英杰には忘れられない思い出がある。日本の歴史は「ミャクミャク三千年」と、独特のイントネーションで語る高橋教諭は、日本精神を押し付け、台湾人をけなす悪い癖があった。この高橋教諭が授業で、世界の偉人を生徒に書かせたことがあった。葉は思うままに名前をあげて、蒋介石もスターリンも書いた。授業のあとで、まずいと気付いた葉は、「私、書き間違えました。」と言って教官室に謝りに行った。すると、高橋教諭は、「お前の個人の思想だから、何もない。心配することない。個人の考えだから。」と言ってくれたので、胸をなでおろしたことがあった。

終戦直後、高橋教諭は、葉英杰の家を下駄履きで二度訪ねたことがあった。当時日本では、後醍醐天皇の後裔《こうえい》と称する人物が現われ、南朝直系熊沢天皇を名乗って皇位継承者と主張し、話題になっていた。葉が高橋教諭に、「熊沢天皇と昭和天皇とどちらが正統でありますか。」と尋ねると、「いや、それはわからん。」と言い、「日本にお帰りになったらどうなさいますか。」との問に、「マッカーサーの命令でも受けて、歴史を書き直そうかな。」と言って笑ったという。面白い一面もあった高橋教諭ではあるが、台湾人の欠点をあげつらうところは良くなかった。

海軍第六燃料廠から受注

葉英杰は、一九四一年（昭和一六）四月に福井高等工業学校に入学し、一九四三年（昭和一八）九月に卒業してその年暮れに台湾に帰った。一年生の一二月に太平洋戦争が始まったが、福井は田舎で物資には困らなかった。下宿のおばさんがとてもいい人で、配給が玄米であっても、白米を食べさせてくれた。「いいおばさんだった」と、葉は感慨深げに回想する。ただ、福井は雪国で、湿った雪に悩まされた。足が霜焼けで脹れ上がり、下宿の階段を這って降りたほどだった。

台湾では、日本人は台湾人を差別した。植民地の者だと馬鹿にした。だが、日本へ来てみると、内地の日本人には全然それが感じられなかった。台湾からわざわざ来たんだからと、大事にされた。福井高等工業学校のクラスメートとは、いまだに交際が続いていて同窓会をしている。台湾にいた日本人が優越感を持ち、台湾人をいじめたのはなぜだったのだろうかと思うほどである。

日本から台湾に帰った葉英杰は、父が経営していた鉄工所の仕事に就き、高雄市郊外にあった海軍第六燃料廠の仕事を請け負うことにした。それまでは製糖会社の仕事を請け負っていたが、条件は良くなかった。海軍第六燃料廠の技術将校は、高等工業学校の出身者が多かった。一九四四年から終戦まで、葉は海軍第六燃料廠へ行って油の輸送に使うストップバルブを作る仕事を取ってきて、指定のサイズの製品を海軍に納めた。必要とする材料を申し出ると、翌日必ず送られてきた。

一九四五年三月の台南市への空襲で、葉英杰の鉄工所はアメリカ軍機の爆撃で被害を受けた。この時、空襲による被害を海軍第六燃料廠に申告すると、完成バルブが何パーセント、九〇パーセント仕上げは何パーセントと表を作ってくるようにと指示があった。表を作っていくと、そのままお金をさっと渡してくれた。検査には来なかった。万事その調子で、海軍との取引はあっさりしていてやりやすかった。製糖会社との取引では、おべっかを使わないといけないので、何かとやりにくかった。海軍との取引で、父の鉄工所の経営を立て直したことは親孝行だったと葉は思っている。海軍第六燃料廠は、戦後中国石油公司となった。

ところで葉英杰は、幼馴染《おさななじみ》で台南二中の同級生黄温恭《こうおんきょう》のことが忘れられない。二中の五年生のとき、黄温恭が台南一中の日本人生徒と喧嘩して、鉄の熊手で相手を殴って重傷を負わせた。温恭は近所に住んでいて、家族ぐるみで親しかった。末広公学校のときから同学年だった。

黄が殴った相手は台南警察の幹部の息子で、台南一中の柔道と水泳の選手だった。重傷を負わされた生徒は、台南病院に担ぎ込まれ大騒動になった。この事件で黄温恭は、台南第二中学校を退学となったが、台湾人が経営していた東京の関東中学校を出て、日本歯科医学専門学校（現在の日本歯科大学）を卒業し歯科医師となった。葉英杰は、植民地支配下にあった台湾人が日本人に重傷を負わせた事件であったが、生徒同士の喧嘩として処置され、退学処分のみに終わったことを、日本統治時代の一側面として記憶しているのである。

戦後歯科医として台湾に帰ってきた黄温恭は、高雄県の路竹《ろちく》に住んでいたが、一九四七年の二《に》二《に》八《はち》事件のあと、台北に連れて行かれて銃殺された。遺体すら帰ってこなかったという。戦後統治者となった国民党政権による台湾民衆への圧迫は、市民殺傷事件をきっかけに怒りとなって爆発した。抗議行動は台湾全土に広がり、人びとは台湾の自治を要求したが、大陸から増派された国民党政府軍が大量虐殺を行い、多くの市民が犠牲となった。黄温恭は、二万人とも三万人ともいわれるその犠牲者の一人となったのである。

第三章　女医を目指して

台北のホテルで

一二月は暮れるのが早い。いつの間にかすっかり暗くなった台北の街は、灯火に包まれて浮かび上がっていた。約束の時刻までは、まだ少し余裕があった。

前夜、台南から電話をかけた私に、「台北での宿泊場所まで行きましょう。」とのことだった。ホテルは小高い丘にあり、台北の街が見わたせる。広びろとしたロビーには、生演奏の曲が静かに流れていた。

待つことしばし、仕事を終えて退勤したばかりの子息とともに、彭王蘭招《ほうおうらんしょう》医師の姿が見えた。突然の私の手紙に、「知っているかぎり、覚えているかぎり、必要であれば伝えましょう。」との返事をもらえたのには、「学問に役立つことには応じるべき」との子息の賛成があったからという。恐縮の至りである。

彭王蘭招医師は、東京女子医学専門学校を出て内科医となった。病院勤務のあと結婚して、夫ともに苗栗《みょうりつ》県の海の近くの頭份《とうふん》で開業し、三〇年近く開業医として活躍した。

　王蘭招は、一九二二年（大正一一）一〇月二五日に、新竹《しんちく》州新竹郡関西《かんさい》庄（現・新竹県関西鎮）に生まれた。公学校低学年までは、新竹郡新埔《しんぽ》庄の照門《しょうもん》というところで過ごした。父の王阿元《あげん》が照門公学校の校長をしていたのである。田舎の小さな公学校だった。台湾総督府の一九二九年（昭和四）の記録には、照門公学校本科五学級とあり、「学校長　王阿元」と記されている。校長のほかに訓導が三人、教員心得が一人いた。

　蘭招は幼いころ、夏になると父と二人でよく運動場の朝礼台に仰向けに寝て、降るような満天の星空を仰ぎながら、おとぎ話を聞かせてもらった。

　阿元は我が子の教育でも、叩くようなことは決してなかった。何か悪いことをすると、「半時間立ちなさい。」と言って仕付けた。母は何かと細ごまと叱る方だったが、父は「叱ってもしようがない。立たせとけ。」という教育だった。

　蘭招には上に姉が一人いたが、田舎で破傷風にかかり幼くして亡くなった。歳が離れて弟たちがいた。戦前の行政区画の新竹州には、客家《はっか》の人たちがたくさん住んでいた。楊梅《ようばい》・新埔・関西・苗栗の各庄には特に多かった。蘭招の父と母も客家の家系であった。

　阿元の父、すなわち蘭招の祖父は、一四歳の時に父親が「生蕃《せいばん》」に首を刈られ、幼い弟妹を抱えて苦労した。「生蕃」は台湾原住民諸族のうち漢族に同化しなかったものの呼称である。蕃に軽蔑の語感があるので、日本統治下の中ごろから高砂《たかさご》族の呼称が使われた。

蘭招の祖父の時代には、結婚の時に男が支度金を女の家に渡さなければならなかった。その金がないから、蘭招の祖父は郭《かく》家の養子となり、男の子一人を郭家に入籍して養子の年限を積んだのち、王家に戻った。蘭招の父阿元は、祖父にとっては二番目の息子であったが、王家では長男であった。

父の思い出

王阿元が生まれたのは一八九八年（明治三一）、台湾が日本の統治下に入って三年後であった。蘭招の祖父は、地主から田んぼを借りて耕していた。五人の男の子と三人の女の子の大家族で小作人だったから、いつもぴいぴいの生活だった。貧しい中で祖父は長男の阿元を公学校にやったものの、学校を出るのを待ちかねて、借りている小作地を耕させるつもりだった。勉強のできた阿元は師範学校に行きたかったが、祖父は最初から許可するつもりはなかった。

ところが、公学校の担任の先生と校長先生が、何度も家に足を運んで、息子を師範学校へ行かせてはどうかと勧めた。費用は一切かからないし、師範を出れば小作の生活とは違って、暮らしが良くなると言って、日本人の校長と担任が阿元の父を説得した。

王阿元は、台北の師範学校に入った。学費はもちろんのこと、衣食住の費用もいらなかった。「一か月一円五〇銭の小遣い銭までいただいた。」と、のちに阿元は娘に語った。師範学校を卒業して、龍潭《りゅうたん》公学校（新竹州大溪《だいけい》郡龍潭庄）に赴任した。初任給は、たしか一六円という話だった。

楊梅公学校卒業記念、1935年(彭王蘭招氏提供)

蘭招は、昔話として父阿元からも、祖母からもよく聞かされたという。

蘭招が照門公学校に通っていたころ、特に女の子は一〇人、二〇人と公学校に入っても、農繁期になると来なくなった。稲刈り、茶摘み、子守りなどで、学校を休む。休むと勉強が遅れて、そのまま来なくなってしまう。先生が連れ出しに行ってしばらく通わせても、農繁期になるとまた来なくなる。七、八歳の女の子が子守りをする。自分の家で茶を植えなくても、わずかなお金を得るために茶摘み女として雇われて行く。当時女の子の教育は、結局中途半端なものにならざるをえないところがあった。

一九三一年(昭和六)から三二年にかけて一年余り、家族みんなで大陸へ行ったことがあった。父阿元の姉の息子が上海にいて、大陸は景気がとてもよいというので、父阿元が商売をするつもりだった。上海のすぐ近くで、台北でいうと隣接する板橋のようなところに、家を借りて住んだ。ところが、一九三二年一月に上海事変が起きて、父の姉の息子の案内で揚子江の上流で南京の手前の鎮江に逃げた。そこに何か月かいた。その時、田舎のキリスト教関係の学校に入って勉強した。戦争で逃げないといけないし、大陸は治安が悪いし、人情も薄かった。

船で揚子江を下って上海に戻り、日本の大使館で手続きをして台湾に帰った。上海で船を待っている間、祖母は子供がさらわれると困ると言ってとても心配した。それほど、当時上海には人さらいが多かった。

台湾に帰って、新竹州中壢《ちゅうれき》郡楊梅庄の楊梅公学校の四年生に再入学して、二学期から通った。算術はなんとかついていけたが、国語は二学期の間ついていけなかった、担任は佐藤徹三先生だった。父の阿元は公学校の先生方とはよく連絡をとりあっていて、佐藤先生に「うちの子は日本語を聞いてもわからないよ。」と言うと、「どおりで、お話を聞かせても君の娘はポカンとしておったよ。」というようなことがあった。三学期になって、やっとついていって、五年六年の二年間は順調に学力を伸ばした。蘭招は、大陸での一年余りの間に上海の言葉で普通の会話ができるようになっていたが、台湾に帰って半年も経つと全部忘れてしまった。

阿元が公学校に戻ったのは、日中戦争が始まって一、二年たってからだった。日本人の先生が召集されて、教員が足りなくなったのである。

新竹高女に入学

一九三五年（昭和一〇）に、蘭招は楊梅公学校を卒業して、新竹高等女学校に入学した。女学校へは、楊梅から汽車で通った。片道四〇分余り。大人片道四六銭だった。学生は往復一〇銭で、一か月の定期券三円、三か月なら八円だった。蘭招は、教育に対して日本統治時代は実に安くしていたとの印象をもっている。

新竹高女では、校長先生が週に一度生徒に教科を教えた。理科が専門の先生だった。校長先生の話では、女学校の学費は一学期八円、年二四円。学費だけでは、とても学校の費用は賄えない。教員は二〇人、全部日本人。先生の月給と、いろんな経費を合わせて、生徒一人につき政府が一年に二〇〇〇円を賄っているとのことであった。当時を回想しながら、彭王蘭招医師は次のように言う。

日本人に対して、いろいろ悪く言う人がいるけれども、もちろん差別待遇はあるものの、公平的に言えば、日本語もわからないし、礼儀作法もないから、叱られたり、規則を守らなければ、怒られたり叩かれたりすることがあった。日本人は殴るのは普通だったから、殴られた人はまあ何やかやと言うけれど、規則を守っていれば殴られることもない。台湾ではそうとうひどく殴るのであって、中学生でも上級生は下級生を殴っていた。

入学の定員枠は、制度として日本人何人、台湾人は何人と定められていた。蘭招たちが新竹高女に入ったときは、一学年二学級一〇〇人のうち台湾人生徒の定員枠は三〇人だった。受験者を日本人と台湾人が半々とみても、台湾人に対してかなり狭き門となっていた。

台北では第一高女はほとんど日本人だったが、第一高女でも一〇人前後ぐらいは台湾人生徒がいた。第三高女は台湾人生徒がほとんどだったが、日本人生徒も何人か入っていた。東京女子医専に入った人の中にも、第一高女出身の台湾人学生が何人かいた。台北第一高女は、医者とか官吏とか、資産家の娘などが多かった。台北第二高女も日本人生徒が多かった。

新竹高等女学校（『台湾懐旧』より）

新竹高女時代に、台湾の人を見くびる先生が何人かはいた。二〇人の教員のうち二、三人。「まあ、ちょっと見くびる先生」がある。話し方でわかる。馬鹿にしたような言い方をする。公学校の先生は、半分が日本人で半分が台湾人だった。公学校で日本人の先生の教育は受けているけれど、田舎出身の台湾人生徒は、ふだん台湾語を使っているので、どうしても日本語には少しくせがある。台湾ぐせがある。そうすると、それを馬鹿にする。日本人生徒でも、一年生の時は台湾人生徒を馬鹿にする。田舎から出てきた台湾人を何やかやと言って、ちょっとしたことで笑ったりして大騒ぎした。

だが、「それも一年越すころには様子が変わった。」と、彭王蘭招医師は次のように回想する。

もちろん台湾人は馬鹿じゃないから、女学校の生活に慣れてきて、たとえば数学などは、日本人生徒が台湾人生徒の教えを受けるぐらいな程度になってくる。台湾人生徒に数学の成績の悪い人はいなかった。優等生は、私たちのクラスで字も奇麗だし成績もいい台湾人生徒がいたけれど、卒業式の代表には日本人生徒を出して、台湾人は出さなかった。そういう差はある。言うなれば、その程度の差別はあった。

高女の先生たち

台中第一高女を出ている蘭招の友達の話によると、高女時代の作法の女の先生が「台湾人は座れない。日本人は座れる。」と面と向かって言ったことがあった。台湾人は畳の生活でないからすぐに足がしびれてしまうが、その友達はがまんして座り続けて、とうとう日本人生徒が負けたということである。この作法の先生のように、少し見くびる人が新竹高女にもいた。国語の先生は、日本人生徒にも嫌われていた。特別お前は馬鹿だとは言わないけれど、言葉の雰囲気で嫌がらせのようなことがあった。

だけど、そんなところが全然ない良い先生もいた。一年生のときの二反田益美先生は、とてもいい先生だった。日本人も台湾人も平等にして、日本人が台湾人をいじめた場合、二反田先生がいると、いじめた生徒は叱られた。植物担当の男の先生だった。たしか台湾山脈に行って、植物採集で、ツツガムシにかかって目がとっても悪い。未婚の先生で、厚い眼鏡をかけていた。

体操の江頭乙治先生は、新入生の一年間、体操を始める前に一人ひとり三歩前へ出させて、自分で名前を言わせた。一か月か二か月すると、名前を全部覚えていて、全校生徒がどこで会っても名前を呼んで声をかけてくれた。江頭先生はきびしいけれど、みんなに慕われているいい先生だった。

当時、日本では丙午の女性は結婚しにくいという話を、蘭招たちが聞いたことがあった。新竹高女に丙午の女性の先生が何人かいた。たしか山本先生、八田先生、富田先生、鮫島先生が丙午だった。蘭招たちが卒業したあとに、富田先生、八田先生が結婚した。鮫島先生は裁縫の先生で、終戦後何年かたってから、住所がわかって手紙を出した時には、喜びを表わした細ごまとした返事があり、「新竹は第二の故郷だ」と記されていた。新竹生まれの先生で、戦後は鹿児島のお寺が住所になっていた。毎年手紙を書いていたが、九〇歳を超してからは返事が来なくなった。亡くなったのかもしれないという。台湾総督府の記録によると、八田知恵子と鮫島菊が教諭、富田富美恵と山本豊子は嘱託であった。

戦争が始まってからは、節約弁当だといって、梅干と漬物だけの弁当を持って行く日が設けられた。新竹神社への参拝もあった。一九三八年（昭和一三）に、初めて新竹への空襲があった。四年生の時のことで、ちょうど弁当の時間だった。ポンポンポンといった音がした。そのあと、校長先生と何人かの先生が見に行って、小さい爆弾の破片で木が削がれていたとの話だった。台湾への米軍機による激しい空襲は、一九四四年（昭和一九）に始まるが、一九三八年には一度、大陸からの空襲があったのである。台湾総督府の日誌には、同年二月二四日のところに、「台北、新竹州下に敵機来襲し盲爆弾を投下、少数の死傷者を出す」と記されている。

新竹高女時代は、勉強の時間に追われた。日本の高等女学校は五年制だが、台湾は四年制だった。進学する生徒には、先生が放課後補習してくれた。一銭も月謝を払わなくても、補習してくれた。公学校でも女学校でもそうだった。新竹高女では、数学と英語と国語の先生が補習してくれた。

蘭招は父の阿元から、東京女子医専を受験するよう勧められていた。東京女子医専の入学試験科目は、国語・数学・理科・英語の四科目だった。普通は三時ごろ終わって、四時か五時まで一時間か一時間半補習してもらって、修業年限の足りない分を補ってもらった。一銭も要求されることもなければ、まったくお礼をすることもなかった。先生の恩に対しては、卒業してから年賀状を出して感謝の気持ちを表わしているだけである。

教室は四時か四時半で戸締りするので、そのあと補習を受けている生徒は、図書館へ行って課題を勉強し、汽車の時間に間に合うように駅へ行って家に帰るという毎日だった。朝は六時半ごろ家を出て、汽車に乗っている時は英語の単語を覚えた。

東京女子医専へ

一九三九年三月末、同級生の鄭秋桔《ていしゅうきつ》といっしょに受験し、四月に東京女子医学専門学校に入学した。予科一年、本科四年、本当は五年だから一九四四年三月で卒業のはずが、戦争のため半年繰り上げで四三年九月二八日に卒業した。

東京女子医専の寄宿舎は、予科一年から本科四年まで各学年一人か二人の七人部屋で、上級生が室長を務めた。初めはちょっと慣れないけれど、慣れるとわりあいに良かった。新宿でお寿司やお菓子を買って帰り、寝る前か勉強が終わった時にみんなで食べた。食べ物を買って帰ると、気付いた誰かがお茶を沸かし、お茶の会だと言ってみんなに声をかけて回った。おしゃべりしたり、試験のない時はトランプしたり、楽しかった。食事は、食堂があってみんないっしょだった。

東京女子医専時代の王蘭招
(彭王蘭招氏提供)

朝鮮人学生は、台湾人ほど多くはなかった。大陸から来た学生には、中華民国と満州国の人がいた。満州国からの学生は、国家試験のようなかたちで日本に留学していた。半年ぐらい前に日本に来させて、まず日本語学校で語学教育が行われていた。東京女子医専の記録では、三九年の台湾からの入学者は八人で、その中に王蘭招と鄭秋桔の名が見える。満州国からは五人、中華民国からは二人の留学生がいた。この年の朝鮮からの入学者は一人だったが、前年には台湾からの入学者と同数の五人の名が記されている。

女子医専での講義では、本はあるけれど、主に先生の講義を筆記して勉強した。筆記が間に合わないところはとばしておいて、寄宿舎に帰ってから友達とノートを貸し借りして、お互いのとばしたところを埋めあった。

実習では名前のいろは順にグループが作られていて、解剖の実習も臨床の実習もそのグループごとに行った。だから、同じグループだった人たちは特に親しくて、卒業後ずっと今日に至るまで連絡がある。みんな今も元気な様子だが、同じグループで実習した一人が、戦争中に広島で亡くなった。大竹という名前だった。

試験がない時は、よく映画を見に行った。学生は封切りの映画は見ない。早稲田の方へ歩いたところに、全線座という映画館があった。名映画として残ったいわゆる古い映画、「椿姫」なんかが上映された。封切り映画は五〇銭だったが、全線座の映画は二〇銭で見ることができた。座る場所がないので、みんな立ち見だった。全線座では、主に洋画が上映されていた。

土曜、日曜は映画を見て、次の日曜はどこへ行こうかと相談して、天気のいい時は郊外線に乗って江ノ島には何回も行ったし、桜の時は多摩川の土手へ行ったりした。

女子医専では夏休み中の半月から一か月ほど、東京の貧困者居住地で施療を実施していた。その地へ赴いて、その場で患者を診て治療した。もちろん医者もついて行ったが、主に学生が診て施療をしていた。その地域の人の便を集めて回虫検査をして、薬を与えたりもした。学生の実習にもなる恒例の施療活動であった。『東京女子医科大学八十年史』には、「夏期無料診療所あれこれ」と題して、夏期休暇中に無料診療が実施されるようになった経緯が記されている。

本科三年生の一九四二年（昭和一七）四月一八日に、米軍機の空襲があった。ちょうど昼ご飯が済んで、花見をしようと屋上に上がっていると、飛行機が飛んでいるのが見えた。パンパンパンといって、早稲田の方で爆弾を落とした。この日、空母ホーネットを発進したノースアメリカンB25による空襲があった。いわゆるドゥリットル空襲である。空襲を目撃した王蘭招はその日をよく記憶している。

卒業前になると食糧事情が次第に悪くなったが、玄米でも寄宿舎の大きい高圧釜で炊いているからまだよかったし、昼は鰊《にしん》が一人につき二匹ずつ付いていて不足は感じなかった。最後の何か月かは、米にカラス麦を混ぜたのを食べていた。食事が足らなければ、学生は学校の周りのうどん屋とか、丼物を売っている店に行った。配給になる前から女子医専の生徒の行き付けの店では、切符なしでも売ってもらえた。四時に夕食をとったあとお腹《なか》がすくから、うどんを食べて帰ったり、寿司を買って帰ったりした。

卒業後、母校の医局に残るつもりだったが、一九四三年三月の高千穂丸の沈没で、父阿元が「戦争が激しくならないうちに帰った方がよい。」と言って心配した。もし平和だったら、母校に残っていたかもしれない。

台北帝大附属病院

父方の祖母の親類が神戸に住んでいて、台湾から紅茶を仕入れていた。この親戚の家で台湾への帰りの船、富士丸の切符を買って待っていた。出発の二日前になって、その船は出ないから切符を戻すようにと連絡があった。二、三日前に、沈没したということだった。結局、鴨緑丸に乗って帰ってきた。この時期には、満州航路の鴨緑丸が台湾との間で使われていた。台湾に帰ったのは一九四三年一一月で、神戸には一か月ほどいた。

門司で三日停泊して船団を組み、それを駆逐艦が護衛した。鴨緑丸にも、二〇〇人ぐらい兵隊が乗っていた。駆逐艦は、船団の間を回って護衛した。基隆《キールン》の手前で船団と別れた。駆逐艦はそのまま船団についていった。船員が「台湾の飛行機が迎えにきますよ。」と言って、乗客を安心させていたが、結局何も来なかった。基隆に着いたのは夕方だった。一一月の夕暮れは早い。基隆の港には、雨が降っていた。船員も乗客もおめでとうと言い合って無事を喜びあった。

卒業後の研修希望先の病院へは、女子医専で紹介状を書いてもらった。東京女子医専の創始者吉岡弥生の義弟吉岡正明副校長が、事務員を使って紹介状を書いてくれた。蘭招は台北帝大の桂内科を希望し、許可が出た。桂内科は台北帝大附属病院の第二内科、桂重鴻教授が担当だった。

研修は新卒の医師一人か二人が、ベテランの医師に付いて教えてもらう制度だった。患者を受け持つが、研修医は無給だった。助手には給与があるが、副手にはなかった。有給助手何人と決まっていて、有給のポストが空かない限り何年いても無給だった。

蘭招は一時肋膜を患ったことがあった。桂内科は胸部内科が主で、彼女は伝染病棟の肺結核の患者を受け持っていて、肋膜炎になった。一年ぐらい休んで出勤すると、空襲が激しくなっていて、「お前危ないから来なくてよい。」と言われて、終戦まで一年近くだったか、半年ぐらいだったか出勤しなかった。病院は大溪へ疎開した。

蘭招は田舎の楊梅に疎開した。楊梅には爆撃はなかったが、機銃掃射があった。桃園《とうえん》の海岸、中壢《ちゅうれき》の大園《おおぞの》に飛行場があった。新竹は南寮《なんりょう》に飛行場があった。飛行場の建設整備には、一般の農民も動員された。

徴用で行ったのは、父阿元の末の弟の王源秀《げんしゅう》。日本が広東《カントン》のバイアス湾を攻撃した時に、通訳で行った。一年ぐらいして、虫垂炎になって帰ってきた。少なくとも中等学校を出ている民間人が、軍属として徴用された。叔父源秀は軍属として広東に行った。

戦争が終わると、蘭招は病院に戻った。戦中と戦後を合わせて、実績としては四、五年大学病院に勤めた。大学病院にいた陳木村《ちんぼくそん》は、台北帝大出身で軍医として召集されて戦地へ行った。南方から帰って来た時に初めて会った。陳木村は、戦地では食糧がなくて蛆虫《うじむし》なんかを食べたという話をしていた。日本人医師は戦争でだいぶとられたらしい。帝大病院の内科だけで四、五人いたとのことだった。

終戦後、帝大病院には、海南島から復員した青年がたくさん入院していた。足に固い潰瘍《かいよう》ができていた。栄養不足で、傷があるとそのまま潰瘍になった。徴用された青年が帰ってきて入院していた。

王蘭招は一九五一年（昭和二六）に二九歳で結婚し、彭王蘭招となった。一九二〇年（大正九）生まれの夫彭達煒《ほうたつい》は、台北帝大大学部医科を卒業して帝大附属病院の沢田外科にいた。結婚後開業し、妻は内科夫は外科を担当した。夫は六八歳で亡くなったが、二人の息子は現在台北市内の病院で、長男は胸部内科、次男は心臓血管内科の医師として勤めている。

彭王蘭招医師は、父王阿元のことを思い出しながら、次のように語った。

日本領有として、日本の台湾統治を悪く言う人もあるけれども、私たち家族としては御恩を受けた方だと思います。公学校の先生のお蔭で父が師範教育を受け、そのことによって教育の大事なことを頭に入れることができ、収入はあまり多くはなかったけれども、教員の生活を切り詰めて子供を教育し、そのお蔭で医者になれた。それは結局、日本の教育のお蔭を受けたということです。

彭王蘭招医師の記憶は、遠い過去のこととは思えないほど鮮明であり豊かであった。

台中のホテルで

台北から高速バスで、台中に着いたのは夕方だった。しばらくすると、年齢の離れたいとこ夫妻の自動車で、廖里《りょうり》医師が現われた。初対面の挨拶をする。もの静かで、柔らかい笑みを絶やさない人である。年が明けると数え年九〇歳とは思えないが、いとこ夫妻が何かと高齢を気遣う様子が伝わってきて、心あたたまる思いがする。

廖里医師は台中県豊原《とよはら》に至誠診所を開業してきたが、八四歳で長い診療生活から引退した。夫を戦争で亡くし、女手一つで息子を育てた。その息子も六〇をいくつか過ぎ、大会社の経営から最近退いた。

廖里が彰化高等女学校を卒業し、東京女子医学専門学校に入ったのは、一九三六年（昭和一一）四月であった。祖父は東京行きに大反対だった。「風呂敷に本を包んで上京しても、帰りにはその風呂敷に赤子が包まれている。」とまで言われて、悲しい思いをした。

もともと祖父は、女は嫁に行くから投資の必要がないという考えだった。お金がかかることを喜ばなかった祖父と喧嘩《けんか》して、父と母は娘を東京に行かせた。

廖里は一九一八年（大正七）四月二七日に、台中州豊原郡神岡《かみおか》庄大社《たいしゃ》八五番地（現・台中県神岡鎮）に生まれた。台湾地方官官制が改正され五州四七郡が置かれたのは一九二〇年七月だったから、彼女が生まれたころは台中州はまだ台中庁と呼ばれていた。

父は廖徳鏞《とくよう》、母は陳鄙《ちんひ》といった。雑貨商の父は肉なども売って、若いときから苦労した。徳鏞は、娘に同じ苦労をさせたくなかった。筆を執るような仕事に就かせたかった。

廖里が岸裡《がんり》公学校に入ったのは、一九二五年（大正一四）である。当時、公学校に子供を通わせる家は少なかった。学校の先生は、家々を回って入学を勧めた。

そのころ、小さい子供たちは、用足しに便利なように、お尻のところを開けたズボンを履いていた。六、七歳ぐらいになると、普通のズボンを履けるようになる。里も六歳ぐらいになると、パンツとズボンを履いた。「パンツ履けるから学校へ行けるよ。」「入学しなさい。入学しなさい。」と、先生が頼みに来た。

里が入学したクラスは、一〇人ぐらいしかいなかった。女一列、男二列、机を並べて「あいうえお」から日本語を勉強した。公学校の先生は普段から官服を着ていて、特別に式のある時には、肩にモールの付いた儀礼服を着用し帯剣した。式の時には、「朕惟《ちんおも》フニ皇祖皇宗《こうそこうそう》国ヲ肇《はじ》ムルコト宏遠《こうえん》ニ……」と、教育勅語を唱和した。将軍のような儀礼服は印象的であったし、公学校時代に諳んじた教育勅語は、今も口をついて流れ出す。

公学校では日本人の先生は少なかった。日本人で担任だったのは竹村先生、きびしくはなかった。当時公学校の教師になれた台湾人の先生は、やっぱり偉かったと思っている。

みんな裸足で学校に通った。里も裸足だった。風呂敷に二、三冊の読本を包んで、肩から斜めにかけて通った。靴を履くのは正月だけ。正月には、子供たちは靴を履いて遊んだ。土の上に線を引いて片足で跳んでゆく遊び、竜眼の種を集めて穴に何個入るかを競う遊び、そしてかくれんぼ、楽しかった子供時代がよみがえる。

普段は大人も、裸足か下駄で、遠出のときは地下たびだった。畑仕事はもちろん裸足。雑貨商の父親も裸足か下駄で働き、夜寝る前に下駄を洗った。靴を履くのはよそに出かける時だけだった。里がいつも靴を履くようになったのは、女学校に入学してからである。

彰化《しょうか》高女へ

公学校六年を終えたあと、一年間の補習科に入って、算盤や縫物など家庭的なことを習っていた。正月ころになって、父親から「女学校に行くつもりないか。」「受験してごらん。」と言われ、準備の日数はなかったが、彰化高等女学校を受験し合格した。一九三二年（昭和七）春だった。

家から縦貫鉄道の豊原駅まで一時間、豊原から彰化まで一時間かかる。家から駅まで一時間かかるから、学校では通学を許可しない。里は学寮に入った。寮費は一か月一一円だった。

家は貧しかったが、父の廖徳鏞は商人だったので、注文した品物の代金をすぐには払わなくてもよかったし、里をとても可愛がっていた叔父の廖徳泉《とくせん》が彼女をいっしょに教育したいと、ことごとにお金を援助した。廖徳泉は日本人といっしょに、石炭関係の仕事をしていた。

周りの子供たちは、学校へ行かなかった。畑へ行ったりして、仕事をしなければならなかった。ましてや上級学校に進学するものはまれであった。神岡庄から女学校へ進学したのは、里の知る範囲では三人を数えるにすぎない。

台中には、主に日本人が入る台中高女があった。彰化高女は半分が台湾人、半分は日本人だった。一学年二クラスで、四年制だから合計八クラス。一クラス五〇人で、補習科を合わせて全校生徒四五〇人であった。先生はすべて日本人だった。里はひたすら学業に励む日々を送った。

一九三六年（昭和一一）の春、彼女は彰化高女の同級生洪採娟《こうさいび》といっしょに東京に行くことになった。洪採娟は、台中草屯《そうとん》の名望家の娘で、兄は東京帝大の学生だった。採娟だけを頼りに、廖里は故郷を発った。

東京中野町の集合住宅に、里と採媚は一時部屋を借りた。そこでは、幾人もの台湾人が部屋を借りて住んでいた。採媚は、まもなく兄のところへ引っ越してしまった。所持金をどう保管すればよいのか、どこに置けばよいのかもわからない。頼る親戚もない。一七歳の里は、ただただ不安であり、こわいだけだった。

集合住宅に、東京医学専門学校（現在の東京医科大学）の台湾人学生李《り》朝《ちょう》湖《こ》がいて、とても親切にしてくれた。

東京に来た時、廖里はすでに帝国女子医学薬学専門学校（現在の東邦大学）の医科に入学が決まっていて、お金も払い込んでいた。だが、何かと面倒をみてくれた李朝湖は、彼女に東京女子医専の受験を勧めた。李朝湖に連れられて、東京女子医専の入学試験を受けた。出来が思わしくなかったので、発表を見るのがこわくて見に行かなかった。人のよい李朝湖は発表を見に行って、「合格したよ。」と教えてくれた。

東京女子医専に入るためには、もう一度学費を払わなければならなかったが、父と叔父はそのお金を工面した。同級生の洪採媚は、帝国女子医学薬学専門学校の薬学科に推薦入学が決まっていて、そちらに入った。

東京女子医専の在校生の名簿の中に、彰化高女で二級上だった呉敏《ごびん》の名を見つけた廖里は、敏に電話をかけて中野まで迎えに来てもらい寄宿舎に入った。呉敏は彰化の歯科医の娘だった。里は学校の宿舎に入ってようやく安心することができたが、世話になった李朝湖に、ろくに挨拶もしなかったことが心残りだった。

そのうち、同級生が寄宿舎に入ってきた。中国や朝鮮から、幾人も学生が来ていた。寄宿舎には舎監がいて、門限があった。在学中、ほとんどどこへも行かなかった。教育は厳格だったけれど、なにも不自由なことはなかった。

一歩一歩戦争の時代になった。女子医専にはあまり影響がなかったように思うが、出征した先生方のことが記憶のかなたに浮かぶ。

李朝湖との再会

一九四一年（昭和一六）三月に、廖里は東京女子医専を卒業した。卒業後二年間、東京の病院に勤めた。初め荒川に近い賛育会病院小児科に勤め、次いで浅草に近い救世軍病院の産婦人科に欠員があって勤めた。仕事に就いてからは、デパートへ行ったり、映画を楽しむ余裕ができた。

一九四三年（昭和一八）六月、叔父の廖徳泉の娘が東京に来ていたので二人で台湾に帰った。帰る時、「安全な東京から、どうして危ない南の第一線の台湾に行くのですか。」と、東京にとどまるように促された。だけど里は、「私の故郷ですから。」と言って帰ることにした。

東京から広島へ、広島から福岡へ、列車で一二時間ぐらいかかった。荷物は船で送った。つてがあって、福岡から台湾に向かう六人乗りの陸軍の飛行機に乗せてもらって帰った。特別のつながりがあって、軍人四人の飛行機に二人が同乗させてもらった。

豊原に帰ると、中野の共同宿舎で、東京女子医専に入るにあたって世話になった、あの東京医専の学生と同じ名の朝湖医院が開業されていることを知って里は驚いた。ろくに挨拶もせずに別れて以来、七、八年が過ぎていた。

「挨拶に行かなければ。」と里は思った。「お子さん幾人ですかと聞いたら、まだ奥さんもらっていないって。私、もうびっくりしたのよ。私開業する時に、また世話してくれたんですよ。」と、廖里医師は李朝湖との再会の喜びを語った。

李朝湖は豊原の人、廖里とは九つ違いだった。李朝湖は台中一中を出て、京都医科大学に進んだが、思想問題で退学し、試験を受けなおして東京医専に入った。祖父は漢方医だった。

里は、神岡庄大社の隣、社皮《しゃひ》というところで至誠医院を開業した。豊原市街では開業できなくて、無医村の社皮で開業したのである。ここで一〇年間開業したのち、豊原に移った。そのころには、医院ではなく診所の名称となっていた。

一九四四年（昭和一九）九月、廖里は李朝湖と結婚した。結婚式後幾日もなく、李朝湖は軍の医者として召集された。「あの時は物資も何もないので、式は簡単にした。それから五、六日後に夫は出征した。」「出征する人と結婚するのは、いざこざもあって、評判はよくなかった。」と廖里医師は語った。

南方への出征は、高雄からだった。高雄の近く左営に軍港があった。里は夫を左営まで見送った。港の中には入れなかった。若い里は、夫が戦死するなどと考えもしなかった。一年後には必ず帰って来ると、希望をもって見送った。

明けて一月、役所から戦死の通知があった。その前日に、サイゴンからの夫の葉書を受け取っていた里は、夫が死んだとはどうしても信じることができなかった。

いっしょに出征した医者が、のちに里を訪ねて最期の様子を語ってくれた。サイゴンの港に停泊していた船が、アメリカ軍の飛行機に攻撃されて沈められた。甲板にいた人たちは、海に飛び込んで助かったが、李朝湖は船室内にいたために助からなかったという。

戦死の公報を受け取った時、里のお腹《なか》に朝湖の子が育っていた。一九四五年（昭和二〇）八月二日に男の子が生まれた。「あの子パパ知らないの。再びあのようなことが起きないように。」と、廖里医師は念じている。

社皮と豊原の間に、陸軍の基地があった。米軍機動部隊の艦上機による機銃掃射がしばしばあった。砂利を落とすような音があちこちに響いた。住民が追われ、傷ついた。里の医院にも、たくさん負傷者が担ぎこまれた。当時は医療機材も不足していたが、「早く処置してくれ。」と懇願するけが人の治療にあたった。満二七歳の時のことである。

日本が戦争したことは間違っている。ただ、敗戦のあと、日本人の姿に感心したことがあった。校長でも教師でもみんな頭を下げて、道端で自分の物を売った。威張っていた先日までの姿を捨てて、謙虚に頭を下げて、すべての持ち物を売り払って日本に帰った。一般の台湾人と比べると、いいものを使っていた。箪笥とか皿とか、そういう生活品を里も買った。

「日本人は正直で、礼儀作法が正しかった。」「私たちを教育しているときはね、日本は良かった。」「日本の教育がなつかしい。」と述べたあと、「夫の死を悲しむ暇もなく仕事に追われ、忙しさにまぎれて過ごして来たけれど、今になって初めて、ああ寂しいなとつくづく感じるの。」と、廖里医師は言い添えた。

台中市内の自宅で

廖里医師に会った翌日、台中市内の黄王一媛《こうおういちえん》医師宅を訪ねた。住宅街に入って、玄関で案内を請うと、近くに住む妹の桂芬《けいふん》と、同居の子息に出迎えられた。一媛は兄弟姉妹の一番上で長女、桂芬は八番目とのこと。終戦の年に春日《かすが》国民学校から彰化女学校に進んだ桂芬は、毎日勤労奉仕で鍬を持って芋や豆をつくっていたという。上品な響きのある美しい日本語である。二人に導かれて応接間に入ると、「待っていましたよ。」と、一媛医師に迎えられた。

王一媛は一九一六年（大正五）五月二五日に、台中州彰化街南門二四一番地（現・彰化県彰化鎮）に生まれた。父は王倫魁《おうりんかい》、母は潘玉蘭《はんぎょくらん》。王倫魁は、台湾総督府医学校の卒業。台湾総督府の記録には、同医学校の第九回（明治四十三年）本科卒業生二九人の中に王倫魁の名が見え、台中州彰化で開業と記されている。王倫魁は卒業後台北の病院で勤務したあと、南門で倫魁医院を開業したのである。

倫魁と玉蘭の子供は一一人、成人したのは八人、三人が一歳から三歳までに夭折した。一媛のすぐ下の弟三聘《さんぺい》は慶應義塾大学卒業で現在シアトルに住んでいる。妹四妥《しだ》は東京女子医専卒業、妹五良《ごりょう》は日本の女子薬専卒業、その下の二人の弟と妹は、戦後それぞれ台湾大学の物理系、医学系、植物系を卒業した。一番下の妹は、産科医となった一媛が取り上げたという。

王一媛が公学校に入ったのは、一九二三年（大正一二）七歳の時であった。公学校は、男子と女子に分かれていた。四年生までは東門の孔子廟で勉強した。この孔子廟では、父倫魁も母玉蘭も幼い時に学んでいる。一媛たちは五年生から、新築された北門の彰化女子公学校校舎に移った。

孔子廟の公学校では、絵本を見たり歌を歌ったりして日本語を覚えた。日本人の先生も台湾人の先生もいた。北門の彰化女子公学校にも台湾人の先生がいて、日本人の男の先生もやさしかった。一九二九年（昭和四）に公学校を卒業し、彰化高等女学校に進学した。彰化高女は一クラス五〇人で一学年二クラス編成。台湾人のクラスと、足りない分を日本人を入れたクラスがあった。公学校でも女学校でも、一媛はわりあい平和に過ごした。

彰化高女時代の王一媛（黄王一媛氏提供）

高女時代の初めのころに、霧社事件があった。社会の出来事にそれほど関心をもっていたわけではないが、「あんなむごいことしなくても、平和に暮らしたらいいのにと思っていた」という。霧社事件は一九三〇年（昭和五）一〇月に台中州能高郡霧社（現・南投県仁愛鎮）に発生した台湾原住民による抗日蜂起であり、軍隊が出動して二か月間、鎮圧作戦が展開された。黄王一媛医師は、この事件について、「初め警察がいつもいじめてね。原住民の人がもう耐えられなくなって、内地人を多数殺した。あと軍隊が出て、たくさんの原住民の人たちを殺した。」と回想している。

女子医専、その後

一媛は一九三三年に彰化高女を卒業し、東京女子医専に進んだ。父倫魁が基隆まで送ってくれた。二、三人の台湾人の友達といっしょだった。神戸から列車に乗り、東海道線で東京に向かった。東京駅には親戚の人が迎えに来てくれて、下宿に落ち着いた。ここで受験し、合格後女子医専の寄宿舎に入った。いろんなところから学生が来ていた。日本の田舎から来た人、朝鮮・中国・満州からの学生もいた。アメリカからは、ハワイの日系人が入学していた。初めは、知らない人ばかりで寂しかった。

予科と、本科の一年から四年までの学生が部屋を共にした。上級生にも、台湾から来た人がいたし、同級生には陳却《ちんきゃく》がいた。陳却は今も健在だけれど、上級生のほとんどは亡くなった。

女子医専の教育はきびしかった。毎日の課程がぎっしりと詰まっていて、ほとんど時間がなく、一度夏休みに台湾に帰っただけである。吉岡弥生先生の、学業に対する姿勢はきびしかった。

女子医専の二年生の時、二・二六事件があった。ちょうど試験前だった。号外が出て、大臣たちが殺されたと知ってびっくりした。

一九三八年（昭和一三）に東京女子医専を卒業して、同年四月に母校の医局に入った。東京女子医専の記録には卒業後の進路として、王一媛は東京女子医専病院産婦人科、同級生の陳却は東京淀橋区の私立大久保病院産婦人科と記されている。一媛は二年半、母校の病院で研修して、台湾に帰った。しばらく父の医院を手伝ったのち、彰化キリスト教病院に勤めた。院長は英国人ランドバーだった。米英との開戦後ランドバーは英国に帰ったが、戦後息子とともに病院に戻った。

一九四二年（昭和一七）一一月、一媛は医師の黄啓棼《けいふん》と結婚した。黄啓棼は六つ年上で、台北医学校の卒業であった。嘉義の朴子《ぼくし》街で人寿医院を開業し、夫は内科、妻は産婦人科を受け持った。産科医の一媛は、夜中も仕事をしなければならなかった。戦争中で物資は少なかった。

東京女子医専卒業後の王一媛（黄王一媛氏提供）

戦争が激しくなったので、夫の老父母をつれて幼子二人を抱え牛車に乗って、嘉義の田舎、山の方の牛稠渓《ぎゅうちゅうけい》という農村に疎開した。牛稠渓には、台北から疎開した人たちがいた。共同で使っていた井戸にばい菌が入って、下痢が流行ったことがあった。わずかではあったが、トリアノンという当時最新の消炎剤を持参していたので、その薬をみんなに分けて治療し、疎開者に生水や生物を口にしないよう衛生問題を聞かせた。牛稠溪から少し離れたところに化学工場があって、そこに米軍機の爆撃があった。

夫の黄啓埜は、空襲中に出動義務が課せられていたので疎開できなかった。空襲があると、指定された寺など、一か所に集まって、負傷者の治療にあたらなければならなかった。空襲はひどかった。疎開から帰ると、家の中が爆風でぐちゃぐちゃになっていた。

黄啓埜は終戦二か月前の一九四五年六月に、軍の医者として召集された。台湾島内で訓練を受けたが、無事復員した。朴子街から召集された鄭慶朝《ていけいちょう》医師は、南方の海で戦死した。

東京にいた一媛の妹四妥と五良は、空襲で焼け出されてリュックサック一つさげ、着の身着のままで台湾に帰ってきたという。

第四章　蔡阿信と彭華英

故国への思い

蔡阿信《さいあしん》が台北のミッションスクール淡水《たんすい》女学校から、東京の立教高等女学校に編入したのは一九一四年（大正三）だった。二年後に立教高女を卒業した彼女は、東京女子医学専門学校に進学し、一九二〇年（大正九）一一月に文部省指定第一回卒業生九八人のうちただ一人の台湾人学生として同校を卒業した。この年の卒業アルバムには、和服姿の蔡阿信の写真がみえる。東京女子医科大学史料室の資料によると、一九四七年（昭和二二）までの東京女子医専の卒業生のうち、台湾人は一一九人を数える。その最初の卒業生が蔡阿信であった。

蔡阿信は日本での長い勉学の生活を終えて医師となり、今まさに故国に帰らんとするその胸の内を綴り、『台湾青年』に寄稿した。一九二一年一月号に、「帰郷に際して」と題した彼女の文章が掲載されている。東京の台湾人留学生たちが、台湾の文化的進歩と幸福を掲げて、『台湾青年』を創刊したのは前年七月のことだった。

蔡阿信、1920年（東京女子医科大学史料室所蔵『東京女子医学専門学校大正9年卒業アルバム』より）

蔡阿信は「帰郷に際して」の中で、「淋しかつた旅の長い生活も過去にならうとしてゐます、七年間の淋しい思ひも此《こ》の帰国の嬉《よろこ》びに比較すれば何でもありません。」と記した。遠い日本へ行くことには、周囲の反対があった。その「あらゆる反対の中」で故国を離れた蔡阿信は、「自分の総《すべ》てを賭《と》し努力勉励して目的の道程を終へねばならない事」を自らに誓った。

東京での七年間、彼女は「心から笑ひ楽しき日を過ごした事」はなかった。ただ「月に花に故郷を忍び」、「なつかしい肉親を思つては」淋しい心を慰めたのであった。それなのに、帰国の喜びを胸に抱く彼女に対し、「文明の潮《うしお》の高鳴りしてゐる帝都」に長い歳月を過ごしたのだから、「国の事など忘れ又帰国するのも嬉《うれ》しくはないでせう。」と、無神経な感覚を表わす人たちがいた。

蔡阿信は、「あの南国は私に取つての生命で御座いました。」と言い、「帰国！　帰国！　本当に胸の振へる様な嬉びと燃へる様な望みとが私の前に横《よこた》はつて居ります。」と書いた。国へ帰ったならば、「自分といふものを捨てゝ、献身的に働らかなければならない。」「母の為に最初にベストを尽くさねばなりません。」「そしてそれと同時に自分の思ふ様に国の為に働くといふ事はどんなに楽しい愉快な事で御座いませう。」「自己といふものを捨てゝ、周囲の為につくさねばならないと存じております。」と、彼女は記したのであった。

帰国の日を目前にして、蔡阿信は台湾と台湾の人びとのために尽くしたいという思いを新たにしたのである。日本統治下の台湾から単身東京に学び、長い淋しい生活を送る彼女の心を支えたのは、「母の為」「国の為」すなわち台湾のためにという強い思いであった。この思いは、何人にも侵されるものではなかった。だれが何と言おうと「感情は致し方ない」と彼女は述べ、「こちらへあなたの御考へをお変へなさいといふのは無理な事」「人の感情に立入る程惨酷《さんこく》な、そうしてその人に対して苦しい立場と成る事はない」「感情こそ自己の全部を活用さして自己の為に生かして置きたい」とも記したのであった。

『台湾青年』の発刊

蔡阿信が東京女子医学専門学校を卒業した一九二〇年は、東京の台湾人学生の間に民族的エネルギーが大きく燃え上がった年であった。この年春には「東京台湾青年会」が結成され、台湾統治の改革を目指して台湾人の幸福を実現しようとする運動が始まっていた。同年七月には『台湾青年』が創刊された。台湾人の手による台湾の文化開発を目的とする、台湾人のための雑誌が生まれたのである。編集兼発行人は蔡培《さいばい》火《か》、発行所は東京市麹町区飯田町四ノ一二台湾青年雑誌社であった。

創刊号に祝辞を寄せた吉野作造は、「文化運動の潮流は」、「個人の意識に於《おい》ても、民族の意識に於ても、自主的なものとならねば本当のものではありません。」「文化運動の本当の成功を見るには、深き歴史と民族性とに根柢《こんてい》すべきものですから」、「その民族自身に任せねばなりません。」「日本内地に生《お》ひ立った文化を其儘《そのまま》台湾に植え付けんとするのは大なる誤りであります。」と書いた。

蔡阿信は、前掲の「帰郷に際して」の中で、「今度台湾青年雑誌社が出来まして非常にうれしう存じます。」と述べ、「雑誌のみならず更に一歩進んで会館の様に成ることを望みます。」と記していた。台湾青年雑誌社の庶務主任を務めていたのは、やがて彼女の夫となる彭華英《ほうかえい》であった。『台湾青年』の発刊に尽力した彭華英は蔡より四歳年上で、一九二一年三月に明治大学政治経済科を卒業した。創刊後一年間台湾青年雑誌社で活躍した彭は、その後主として中国大陸で沿海漁業関係の事業活動に従事したのち台湾に帰り、一九二七年（昭和二）の「台湾民衆党」の結党に参加し同党の主幹となった。

東京在住の台湾人学生が民族自決主義を掲げて「啓発会」を組織したのは、蔡阿信と彭華英がともに東京で学んでいた一九一九年（大正八）末のことであった。「啓発会」結成の指導的位置にいたのは、明治大学学生の林呈禄《りんていろく》・高等師範学校学生の蔡培火・早稲田大学学生の王敏川《おうびんせん》らであった。

「啓発会」は翌二〇年三月に林献堂を会長に推戴して「新民会」と改称し、社会人を加えた組織へと発展した。この「新民会」の実質的活動機関として同会会員の学生たち、すなわち林呈禄・蔡培火・王敏川・彭華英、および蔡伯份《さいはくひん》（東京帝大学生）・陳炘《ちんきん》（慶応大学生）らが協議し、「台湾人の幸福を増進」するための「台湾統治の改革運動」を掲げて「東京台湾青年会」を結成したのであった。蔡阿信と彭華英は、この新しい時代の熱いうねりのただ中にあって、学生時代を過ごしたのである。

一九二一年（大正一〇）一月には、林献堂以下一八七人の署名をもって、「台湾議会設置請願書」が第四四帝国議会に提出された。この請願は一九三四年（昭和九）第六五議会まで一四年間続けられたが、不採択または審議未了に終わった。台湾議会の設置は、民族自決、台湾独立への道筋を意図したものと見なされていたのであった。なお、帝国議会への紹介議員は衆議院が田川大吉郎、清瀬一郎ら、貴族院が江原素六、山脇玄らであった。

第一回の台湾議会設置請願が行われた同じ年の一〇月に、林献堂を総理とし、台北の開業医蔣《しょう》渭水《いすい》を専務理事とする「台湾文化協会」が設立された。創立総会は、同月一七日に台北市大《だい》稲埕《とうてい》の静修女学校で開催され、総督府医学校・師範学校・商工学校・工学校などの多くの学生が出席した。台湾の文化発展を掲げて設立された「台湾文化協会」は、自由・平等、民族自決を目指す運動の中心機関となった。林献堂は、この運動が統一的に進められた時期の要に位置していた。

清信医院

東京女子医専を卒業して台湾に帰った蔡阿信は、一九二一年四月に台北医院の医師となり、二三年四月からは日本赤十字社台北支部医員として勤めた。二二年の東京女子医専の記録によると、当時彼女は、台北市大稲埕中街一番戸に住んでいた。

『台湾人士鑑』（一九三七年）によると、蔡阿信は病院勤務のあと一九二六年（大正一五）六月に台中市で清信医院を開業したことになっているが、まず台北市で開業したあとで台中市に移ったようである。一九二四年（大正一三）三月の『台湾民報』には、「女医学業」の見出しで蔡阿信について報じた記事が掲載されている。それによると、この時彼女はすでに、台北市日新町の自宅に産婦人科医院を開業している。

『台湾民報』は、台北で開業した蔡阿信が患者に対してあたたかく接し、仁術をもって治療にあたっていると報じている。台湾人女性で初めて近代医学を修めて開業した蔡阿信は、新しい医術をもって献身的に働いていた。彼女の願いは、台湾の人びとの衛生状態を良くし、人びとの幸福な生活を実現しようとするものだった。

女医であり、産婦人科医であった蔡阿信は、台湾の幸福を求める文化運動に参加していた。彼女は婦人問題に強い関心をよせ、女性の地位を改善し、新しい女性の社会的活躍に力を尽くそうとしていた。

一九二七年（昭和二）八月の『台湾民報』には、清信医院の広告が掲載されている。住所は台中市橘町一丁目一二番地とあり、「清信産婦人科医院（電話三二〇番）」「婦人科　小児科　産科」「東京女医学士　蔡阿信」と記されている。彼女は一九二四年にまず台北市で開業し、二年後の一九二六年に台中市橘町で清信医院を開業したのであった。

一九二八年（昭和三）の台中市街地図をみると、台中駅の正面一帯が橘町だったことがわかる。台中駅を出るとすぐ左手に二丁目、一丁目とあって、一丁目の区画のところに清信医院と記されている。現在の民権路（当時は大正橋通り）が、緑川をこえて鉄道の線路と交差する手前左側に蔡阿信の産婦人科医院があった。

前掲一九三七年（昭和一二）の『台湾人士鑑』には、蔡阿信は「明治三十二年十二月十三日新竹ニ生ル」とあり、現住所は台中市大正町二ノ四と記されている。この時、蔡阿信と彭華英の間には一男一女の子供があった。

同書には、一九二七年以降一〇年間の蔡阿信の社会的活動についても記されている。それによると、彼女は一九二七年に産婆講習会を開催していて、一九三一年（昭和六）二月一一日から三六年二月一一日までの五年間、宮内省から「私立産院御奨励ノ思召ヲ以テ毎年金一封ヲ下賜《かし》」されている。そして彼女は、一九二九年以来台中市慈恵医院の嘱託医でもあり、三三年四月一日には方面委員を嘱託されている。趣味は、音楽と旅行だった。

故国への熱い思いを胸に抱いて台湾に帰った蔡阿信は、病院勤務のあと産婦人科医院を開業し、婦人問題を研究するとともに産婆講習会を開催するなど、台湾女性の幸福のために力を注いだ。

この間に同時期に東京に学び、台湾文化運動の論客の一人となった彭華英と結婚し、一男一女をもうけたのであった。

その後蔡阿信は、日中戦争が始まった翌年の一九三八年にアメリカとカナダに渡り、医療技術の研鑽につとめたが、四一年に太平洋戦争が始まり台湾に帰った。

東京女子医専を一九四三年に卒業した彭王蘭招医師の記憶の中に、カナダから台湾に帰った蔡阿信の姿がわずかに現われる。王蘭招が台湾に帰って間もなく、台湾の東京女子医専卒業生が同窓会「至誠会」の集まりを催した。この時一度、蘭招は「カナダから帰ってきていた蔡阿信先生の顔を見た」という。戦後再び蔡阿信がカナダに戻り、かの地に永住したことについては、彭王蘭招医師の記憶の中では定かではない。

「台湾文化協会」の分裂

林献堂を総理とする「台湾文化協会」は、一九二一年（大正一〇）一〇月の結成以降、台湾人の「知識開発の機関」として文化運動を推進し、その幸福増進のために力を尽くした。だが、東アジアに押し寄せた左翼運動の波に洗われ、同会は一九二七年（昭和二）初めに左右に分裂し、七月に「台湾民衆党」が結成された。

「台湾民衆党」の結党に参加した謝春木《しゃしゅんぼく》は、一九三〇年（昭和五）七月から九月までの『台湾新民報』に、一一回にわたって「台湾社会運動十年史概要」を連載した。この連載記事は、執筆者を「一記者」として名前を明かしていないが、同年末の記事から「一記者」が謝春木だったことがわかる。彼は「台湾社会運動十年史概要」を、『台湾人の要求』のタイトルで年末に新台湾民報社から出版したようである。

謝春木は連載記事「台湾社会運動十年史概要」の中の「台湾文化協会」分裂のくだりに、「文化協会は無産青年一派に依つて占領」されて、旧幹部はこの時「殆《ほとん》ど全部脱退」して、「台湾民衆党」を結成するに至ったと記している。大正末期における台湾農民運動の高揚のなかで、無産階級勢力が急速に成長していたのである。

謝春木は、「台湾農民組合」幹部の簡吉《かんきつ》と趙港《ちょうこう》の二人について、「東京で解散前の労農党の世話になり、其《そ》の実際運動を見せて貰《もら》つて学ぶ所が頗《すこぶ》る多かつた」と記している。そして、「両君は此処《ここ》で福本イズムの信奉者となり、革命理論を修得して帰つた」のであり、それが台湾の社会運動に大なる影響を与えることになったと述べている。

「労農党」、すなわち「労働農民党」は一九二六年（大正一五）に左派を除いて結成されたが、同年中に左派への門戸開放運動が起こり、大山郁夫を委員長として左翼政党として再出発した。昭和初期の共産主義運動の理論的指導者福本和夫は、結合の前の分裂を説き、その理論闘争の主張は福本イズムと呼ばれた。

謝春木は、簡吉と趙港によって「労農党と日本農民組合に対する連絡が完全に出来た」と述べ、「労農党から顧問弁護士が台湾に派遣されて来たのも之《こ》れからである」、「闘争方法は殆ど内地の日本農民組合の手法を学ぶ所が多かつた」と書いている。さらに「両君は福本イズムと共に『内地、台湾、朝鮮の三角同盟を意味する内台鮮共同委員会』の経綸《けいりん》を輸入して帰つて来た」とも記していた。日本・台湾・朝鮮、そして中国大陸に左翼運動の大きな波が打ち寄せていたのである。

謝春木は農民運動とともに、労働運動についても記している。彼は「台湾社会運動十年史概要」に、「無産青年一派に依つて占領」された「台湾文化協会」は、「労働組合の組織に着手」して組織拡大に力を注ぎ、「其の模範は此《これ》を上海総工会に取り、組織も闘争方法も此に学ぶ所が多かつた」と述べている。「台湾文化協会」の労働運動指導下には「台湾総工会」があり、「台湾民衆党」指導下に「台湾工友総聯盟」があって両団体は対立していた。

彭華英の政治的立場

「台湾文化協会」が左翼勢力に主導権を奪われ、同協会の旧幹部を中心に「台湾民衆党」が結成されたが、同党内部にも左右の対立が顕在化していた。彭華英は「台湾民衆党」の幹部となったが、党内左派の蔣渭水との路線対立から、一九二八年八月九日の常務会議で主幹を辞職することになった。

『台湾総督府警察沿革誌第二篇　領台以後の治安状況（中巻）』（台湾総督府、一九三九年七月）は、「昭和三年末」の状況として、「蔣渭水一派の党に於《お》ける勢力の増大に相伴《あいともな》ひ、民衆党の労働運動、農民運動及青年知識階級の支持団体結成運動」が発展したと記している。

一九二八年一一月に『台湾民報』に掲載された克良《こくりょう》執筆の「民衆党前主幹彭華英氏の言論に就いて」によると、主幹を辞したときの彭華英の考えは、「どうしても一般の知識階級や、地方に於ける信望を有する人々や、中産階級を党の結合中枢とし、その上に大衆を加味と為さざる限り、現在のやうな総督支配下に、党の政策実現を期することは甚《はなは》だ困難である」というものであった。これに対して克良は、「民衆の多数を占めてゐる階級に基礎と背景を置くべく、組織し訓練して運動するのが当然」と批判し、「帝国主義下」における「現代的解放運動」は階級闘争であるべきだと主張していた。

左翼勢力からの批判にさらされた彭華英も、その妻の蔡阿信も、無産階級闘争とは離れたところに身を置いて、台湾人の自治と幸福、自由と平等のために力を尽くそうとしていた。その政治的立場は、人道主義の観点に立つ林献堂の思想と気脈を通じたものであり、日本統治下にあって選択可能なもっとも現実的で穏健な取り組みであった。

だが日本の官憲は、林献堂・蔡培火・彭華英ら民族運動に早くから携わってきた人びと、日本の統治下にあって台湾の幸福のために力を尽くしてきた人びとを特別要視察人として監視を続けていた。彭華英に対しては、一九二〇年代前半には民族運動者であるとともに社会主義者であるとして官憲の目が注がれていた。

外務省外交史料館所蔵外務省記録の『自大正十一年一月　不逞《ふてい》団関係雑件　台湾人ノ部』には、一九二一年（大正一〇）一一月一六日付で「在上海総領事山崎馨一」から「外務大臣伯爵内田康

哉」に宛てられた文書「太平洋会議ヲ機トシ台湾人独立運動計画ニ関スル件」が綴じられていて、次のように記されている。

> 蔡恵如《さいけいじょ》ハ本年七月初旬膨（彭の誤記―大谷）華英ト前後シテ東京ヨリ朝鮮、天津ヲ経テ来滬《こ》（滬は上海の別名―大谷）ス。
>
> 七月二十四日頃大東旅舎ニ於テ比律賓《フィリピン》、印度《インド》及朝鮮人等ト共ニ会合シ太平洋会議ニ台湾代表ヲ派遣スルヤ否ヤノ議題ニ付キ討議シタルニ、台湾ノ対日関係ハ朝鮮ノ対日関係ト其《そ》ノ趣ヲ異ニシ其ノ効果ノ如キモ疑問ナルハ、単ニ請願書ニ留ムトノ議出テ結局代表派遣ハ決定セサリシト云フ。
>
> 本年八月十八日、当時来滬中ノ日本社会主義者和田久太郎カ一品香ニ朝鮮人、台湾人ヲ招待シタルコトアリ。其ノ時蔡及膨（彭）モ其ノ席ニ列ス、同人等ハ日本社会主義者大阪一派ノ「コスモ」倶楽部員ナルカ為ニ列席シタルモノニシテ該会合ハ何等政治上ノ意義ナシ。

右の文によると、「太平洋会議」すなわちワシントン会議の開催に対応して、フィリピン・インド・朝鮮などの民族運動者の会合が上海で開かれ、そこに「日本社会主義者大阪一派ノ『コスモ』倶楽部員」で台湾人の蔡恵如と彭華英が出席したというのである。蔡恵如と彭華英は、「台湾ノ対日関係ハ朝鮮ノ対日関係ト其ノ趣ヲ異ニシ」との見解に立っていて、台湾の立場を主張していたことがわかる。

「コスモ倶楽部」と彭華英

「コスモ倶楽部」についての論考に、松尾尊兊「コスモ倶楽部小史」(『京都橘女子大学研究紀要』第二六号、二〇〇〇年三月)がある。同論文によると、コスモ倶楽部は日本社会主義同盟結成過程で出現し、一九二〇年から二三年にかけて存在した思想団体であり、「日本の社会主義者と民本主義者、および朝鮮と中国の留学生ナショナリストの交流を主目的とする国際的組織」であった。

論文中には、『大正十年一月調　思想団体ノ状況』(内務省警保局作成)の「コスモ倶楽部」の部分があげられていて、その中に同年一月八日「神田多賀羅亭ニ懇親会ヲ催シタルカ大杉栄以下要視察人四名支那人四名朝鮮人七名台湾人三名露国人二名其ノ他合シテ二十六名出席」と記されている。そして同論文には、社会主義同盟には朝鮮人や中国人は「わずかの例外を除き加盟が認められていなかった」とあり、「故山辺健太郎旧蔵の同盟名簿」には「北京の李大釗と、東京の『台湾青年』社の彭華英および朝鮮在住の鄭宇洪・姜仁秀」の氏名があり、「堺利彦から向坂逸郎へと継承されたもう一つの同盟名簿には李大釗の名はあるが、彭華英の名はない」と記されている。

同論文では大阪の「コスモ倶楽部」に関する記述はないが、一九二三年(大正一二)一月の過激社会運動取締法案反対運動に関する一連の会合に出席した金鍾範は、「コスモ倶楽部」の代表を名乗る一方で「大阪朝鮮労働同盟会」の代表を名乗って出席していたとのことである。

一九二一年当時、彭華英が「社会主義同盟」や「コスモ倶楽部」にどのように関わったのか具体的にはわからないが、それらの団体に関する史料に氏名が出てくるような位置に彼がいたことは確かであろう。

『自大正十一年一月　不逞団関係雑件　台湾人ノ部』には、前掲文書「太平洋会議ヲ機トシ台湾人独立運動計画ニ関スル件」のほかに、「台湾政治運動者ノ来往ニ関スル件」（一九二一年一二月二四日付で在上海総領事船津辰一郎から外務大臣伯爵内田康哉に宛てられた文書）、および「在上海一部台湾青年学生等ノ行動ニ関スル件」（一九二四年七月一四日付で台湾総督府警務局長尾崎勇次郎から拓殖事務局長・外務省亜細亜《アジア》局長・内務省警保局長・警視総監・朝鮮総督府警務局長に宛てられた文書）、「特別要視察人台湾人渡支ノ件」（一九二五年二月一三日付で台湾総督府警務局長坂本森一の名で作成された文書）があり、それらの文書に彭華英の名がみえる。

「特別要視察人台湾人渡支ノ件」の通報先は、内務省警保局長・警視総監・外務省亜細亜局長・上海総領事・香港総領事・厦門領事・汕頭《スワトー》領事・蘇州領事であった。同文書には、「特別要視察人甲号　彭華英」とあり、「右ハ東京留学中高津正道堺利彦等ニ昵近《じっきん》シテ共産主義ヲ奉スルモノナルガ大正十年明治大学卒業後東京ヨリ渡支シ同年七月末朝鮮、印度、比律賓等ノ不平分子ガ上海大東旅舎ニ於テ開催シタル華盛頓《ワシントン》会議ニ際シ試ムヘキ各植民地共同独立運動ノ協議会ニ蔡恵如ト共ニ台湾代表ト称シ参加スル等ノ要注意行動アリ」と記されたあと、「爾来《じらい》上海又ハ北京ニ居住」して「中国沿海漁業協会設立」を企てたとしていて、一九二一年七月以降の視察要件に関わる内容は記載していない。

一九二五年（大正一四）二月の「特別要視察人台湾人渡支ノ件」は、彭華英・蔡阿信夫妻が台中州から上海・蘇州・厦門・汕頭・香港行きの旅券交付を受けて同月一一日に基隆出港の福建丸で旅行に出たので、これを監視するために作成されたものであった。同文書は、妻の蔡阿信にふれて「東京女子医学専門学校出身ニテ同校在学中ヨリ彭華英ト懇意ナリシモノニシテ」などと書き、一九二四年一一月に事業に失敗して台湾に帰った彭華英が「台北市日新町二ノ一〇女医蔡氏阿信ト結婚」したと記している。

彭華英は、明治大学を卒業して二か月後の一九二一年（大正一〇）五月の『台湾青年』第二巻第四号に「社会主義之概説（上）」と題する文を掲載し、「社会主義なる四字は実に今日世界に在りて新しき時代の名詞となつた」「人は如何なる新主義、如何なる新主張を論ぜず、宜しく研究的態度と批評的眼光を以てそれに対せねばならぬ」と記した上で、「社会主義の発達及び其精神」「国家社会主義」「共産主義」について紹介していた。東京の台湾人留学生の間に燃え上がった台湾文化運動の中心にいた彭華英は、思想研究にも力を注ぎ、一九二〇年から二一年の時期に「社会主義同盟」や「コスモ倶楽部」に関わり、上海においてアジア各地の民族運動者とも接触した。そのために、日本官憲から「社会主義者」「共産主義者」とみなされたが、一九二四年一一月に台湾に帰って以降における彭華英の政治活動は、階級闘争理論に立つ左翼青年運動家から、無産大衆に立脚しない人物として批判されるような状況にあった。

「要視察人」報告に関して

台湾人に関する「要視察人」報告には、民族運動者を監視しようとする日本官憲の意識が強く反映した記述がみられるものの、居住地や年齢、具体的行動などには、参考となる情報も多い。たとえば、前掲一九二一年一一月一六日付の「太平洋会議ヲ機トシ台湾人独立運動計画ニ関スル件」は、蔡恵如について次のように記している。

本籍台中市大甲郡清水街清水四十三番地　当時支那上海南成都一九六号成都劉寓内　蔡恵如当四十三年。

右者本年七月以来、東京ヨリ当地ニ渡来シ、太平洋会議ヲ機トシ台湾独立運動ヲナサムトスルヤノ風評アリ。視察ヲ遂クルニ左ノ通ニシテ、別段ノコトナキモ此段及申報候。

右の文のように、外務省記録に綴じられた「要視察人」報告には、「別段ノコトナキ」と記される場合の方が多かった。監視そのものが植民地統治下の実情を示すとはいえ、報告書の記載内容と背景を検討せずに、ことさら弾圧強化の事例として取り上げるのは禁物である。

外務省記録『自大正十四年　要視察本邦人挙動関係雑纂』に綴られている関東庁警務局長名の文書「要注意台湾人ノ言動」には、彭華英の名がみえる。同文書には、大連在住の台湾人医師郭《かく》進水《しんすい》と徐栄《じょえい》の「言動」について一九二五年四月一三日付で作成されていて、郭進水の言として、彭華英は「明大在学中ヨリ思想ノ研究」に熱中するところがあり、「危険思想抱持者」のようにみなされたが、「台湾人ニ於《おい》テハ真ニ此等《これら》危険思想ヲ抱擁スルカ如《ごと》キ者ナシト云《い》フヘシト語リ居レリ」と記している。

一九二六年（大正一五）八月二日付で在上海総領事矢田七太郎から、外務大臣幣原喜重郎に宛てられた文書「特要視察人ノ行動ニ関スル件」は、「台湾文化協会専務理事蔡培火」と、「林献堂ノ息《そく》林猶龍《ゆうりゅう》、雲龍」の三人の上海渡航に関する視察状況について記している。同文書は、上海にて文化教育用のフィルムを購入した模様だが「他に容疑ノ点ナク」、「総領事ヲ訪問シ初対面ノ挨拶」をして辞去したと記している。

一九二九年（昭和四）四月一五日付で福岡県知事斎藤守圀から、内務大臣望月圭介・外務大臣田中義一・指定庁府県長官に宛てられた文書「要視察台湾人帰台ニ関スル件」は、「特要甲号林献堂」「特要乙号羅萬俥《らまんしゃ》」「特要甲号林呈録」と記し、台湾議会設置運動のために上京した三人が帰途門司を通過し基隆に向かったことを報告している。

一九二九年一二月七日付で福岡県知事松本学から、内務大臣安達謙蔵・外務大臣幣原喜重郎・台湾総督府警務局長・指定庁府県長官・台北台中各州知事に宛てられた文書「要視察台湾人来往ニ関スル件」は、羅萬俥についての視察報告であり、「前段容疑ノ点ナク」とした上で、羅萬俥の言として、「本船ニハ友人蔡培火モ乗船シ居ルガ、彼ハ各地ニ於テ尾行ヲ付セラレ居リ真ニ同情ニ不堪《たえず》。又警察官憲ニ於テモ吾々《われわれ》ノ真情ガ理解サレズ真ノ国家主義者ヲ徒《いたずら》ニ左傾視セラル、ハ実ニ遺憾ニシテ之ガ為メ省ツテ叛逆心《はんぎゃくしん》ヲ興サシムルハ必然ノコト、思フ。」と記している。

右の報告書から、「尾行」の実態がわかるとともに、日本官憲が民族運動と結びついた左翼運動にいかに鋭く神経を尖らせていたかがうかがえる。それは当時の東アジアにおける、重要な歴史状況を示すものでもあった。

文化運動と女性論

『台湾民報』一九二五年八月二六日付第六七号は、「創立五周年記念号」として発行された。二〇年七月の『台湾青年』創刊から数えて、五周年を祝したものだった。この記念号には、『台湾青年』創刊号の写真と、それを取り巻くかたちで、発刊に直接関係した人びとの肖像が掲載されている。上部右に林献堂、その左に蔡恵如、続いて左回りに、彭華英・徐慶章《じょけいしょう》・蔡培火・林呈禄・林中澍《りんちゅうじゅ》・王敏川らがぐるりと創刊号を囲んでいる。

『台湾青年』は一九二二年四月から『台湾』と改題され、翌二三年四月に『台湾民報』が創刊された。『台湾』は『台湾民報』創刊後しばらく発行されたが、二四年五月で廃刊となった。したがって、文化運動・民族運動の台湾人による台湾人のための言論機関は、『台湾青年』に始まり『台湾』から『台湾民報』へと継承されたのである。

『台湾青年』創刊号の「巻頭之辞」は、「世界大戦乱」という「絶対の大不幸によつて、生き残つた全人類」は、「利己的、排他的、独尊的の野獣生活を排して共存的、犠牲的、互譲的の文化運動を企てるやうに醒《さ》めてきた」と記している。「国際連盟の成立」「民族自決の尊重」「男女同権の実現」「労資協調の運動」、どれ一つをとっても「大覚醒の賜《たまもの》でないのはない」と言い、

「これに共鳴し得ない人は、人として価値が零であろう。」「台湾の青年！」「吾人《ごじん》は尚立たないで居られやうか。」と書いた。新しい文化の潮流に取り残されている台湾のために、「広く内外の言論に耳を傾け」、「取るべきものを最大となく取り入れて我が養ひ」とし、文化啓発の発信機関となるというのであった。

翌月の同誌には、林呈禄の「地方自治を述べて台湾自治に及ぶ」、蔡式穀《さいしきこく》「台湾の地方行政制度の改革に就きて所感」、蔡培火「吾人の同化感」などとともに、彭華英の「台湾に婦人問題があるか」が掲載されている。ここで彭華英は、「労働問題」「人種問題」「婦人問題」の徹底的解決をみなければ「人類生活の理想的建設は遂に一夜の空夢に化する」と述べ、「婦人問題」は「労働問題と同様に現時最も緊要な問題の一つ」であり、それは「婦人の人格能力を認めて婦人を開放する問題、婦人の権利を伸張する問題に外ならぬ」と記している。彭華英の「台湾に婦人問題があるか」は、『台湾青年』『台湾』『台湾民報』という台湾民族運動の言論機関に掲載され

創立五周年記念『台湾民報』
1925年８月26日付第67号

た多くの女性解放に関する評論のなかで最初のものであった。

　彭華英は「台湾に婦人問題があるか」の中で、世界大戦中の国家社会への貢献と戦後経営上の力が欧州の女性の力を伸張させ、イギリスでは女性参政権が実現したと記している。そして、日本でも欧米の自由思想の影響を受けて「新婦人協会」の「花柳病男子の結婚制限案」「治安警察法第五条改正」の請願運動にみられるように、「自己の開放と参政の運動」が進展していると書いた。その上で、台湾の現実に目を向け、「生活状態の大半は殆《ほと》んど逆世的、退嬰《たいえい》的、陋習《ろうしゅう》的の境界を脱せず」と述べ、「圧制的なる結婚の陋習」「貨幣を以て売買する極悪な結婚方法」「蓄妾《ちくしょう》貯婢《ちょひ》なる非道的慣行」を批判した。そして、「女子閉鎖の開放」「自然的なる人間らしき修養」を実現させてこそ、「改造途上にある吾々の任務」を共に分担して「民族発展の為め、人類社会進化の為め」に尽くすことができると主張した。それは、「人格の独立」「自由意思を尊重する精神」と深く結びついていた。こうして民族的言論機関に登場した女性解放論は、台湾の「民族発展の為め」の運動と不可分一体で展開されたのであった。

　一九二〇年九月の『台湾青年』は、王敏川の「女子教育論」を漢文ページに掲載し、一〇月には陳崑樹《ちんこんじゅ》の「婦人問題の批判と陋習打破の叫び」と、林双随《りんそうずい》の「私の台湾婦女観」を掲載している。陳崑樹は「蓄妾制の漸禁策」「査某嫺《さぼうかん》制廃止の徹底」「売買婚姻の厳禁」を訴えた。林双随は「台湾一般の女子は、全然眠つてゐるといふても過言ではない」「横暴な男子に侮辱されても黙守する」「一家に第一、第二、第三、といふ様に多くの妻が互いに権力を張らんとして、暗闘を続ける」と記したあと、「最も大切な女子教育を粗略にするといふ事は、即《すなわ》ち台湾将来の向上発展を障《さまた》げる」、「婦人の開放は台湾一般の女子が教育を受け、能力を高めた後でなければ解決されぬ問題だと思ふ」と、女性の立場から訴えていた。

その後の『台湾青年』は「結婚の改善を絶叫す」（二〇年一二月）、「婦人教育の理想」（二一年一月）、「婦人問題の根本主義を論じ且つ台湾婦人界の悪現状を排す」（二一年五月）といった文章を掲載し、二二年四月以降『台湾』と改題して「男女共学と結婚問題」（二二年九月）、「醜業婦縛束解放論」（二三年二月）を漢文ページに載せた。一九二三年四月からは同誌の「漢文部を独立」させ充実するかたちで『台湾民報』が創刊され、民族運動、文化運動の言論機関としての中心的役割はこちらに移った。台湾の「民族発展の為め」の運動と一体であった女性解放論も『台湾民報』で展開され、その内容は運動の進展や社会の動きと密接に関わりながら変化した。

『台湾民報』とフェミニズム

一九二三年（大正一二）四月創刊の『台湾民報』は、巻頭に「創刊の詞《ことば》」を掲げ、日本統治下において産業・経済・社会の開発は進行したものの、台湾同胞の経済は圧迫され負担は増え、社会・文化面で取り残されていると指摘した。その上で、最も親愛なる台湾同胞三六〇万父老兄姉よ、今日の台湾社会において我々が強く望み要求するのは平等であり生存であると呼びかけた。平易な漢文を用いて民衆的知識を満載した新聞を創刊し、「我島文化」を啓発し同胞の元気を奮い起こし、台湾の幸福を実現すると宣言したのであった。この方針に沿って、女性解放関連記事が数多く掲載された。

創刊号には「婦人参政運動」が掲載され、以後同年末までに「家庭の改造を提唱す」「結婚問題の発端」「中国婦人の解放論」「徹底的婦人解放論」「女子職業問題」「廃娼の私見」「女子の社会的地位」「女子の社会上における注意」「イタリー衆議院提出の女子行政選挙」「婦人問題（二）」「婦人問題（続）」といった記事が掲載された。

一九二四年には、「婚姻制度の進化概観」「家族制度の将来」「婦人の自覚」等々の記事がみられ、同年九月には「婦人問題」欄に「我が婦女観」「現代女性観」が掲載されていて、女性の自由・平等確立の上で経済的独立の大切さが強調された。

二五年になると、三月に「彰化において婦女共励会設立」の記事が掲載され、台湾中部彰化の知識階級の女性たちが学問研究と社会貢献を掲げて「婦女共励会」という女性団体を組織したと報じた。会員の多くは新教育を受けた女性だった。前月八日に体仁《たいじん》分院で発会式が挙げられ、楊《よう》咏絮《えいじょ》が開会の辞を述べ、蔡鳳《さいほう》が会員を紹介し、潘貞《はんてい》が創立経過を報告したと記されている。発会式では、「王《おう》琴《きん》女史」が会則を審議し、「阮《げん》素《そ》院《いん》女史」ほか来賓が演説し、職員選挙を行って六時に散会したと報じられている。

八月と九月に「彰化婦女講習会」「婦女共励会の活動」など、「彰化婦女共励会」の活動状況が報じられたが、二六年三月になると「彰化恋愛問題の考察」が掲載され、次いで「彰化婦女共励会奮起」の記事が掲載されて、同会が「邪女」排斥を決議して再出発を期したことが報じられている。会員の恋愛問題で、「婦女共励会」が社会的打撃を受けたのである。

「彰化婦女共励会奮起」の記事が掲載されて四か月余りのち、一九二六年八月の『台湾民報』は、「婦女問題大講演会　新竹公会堂」の記事を載せ、前月一八日に劉英《りゅうえい》と廖秋桂《りょうしゅうけい》という二人の女性社会運動家が文化協会新竹支部の要請を受けて講演したと報じている。この日、劉・廖の二人は、連温卿《れんおんきょう》・王敏川・郭茂已《かくもい》とともに新竹駅に着き、「歓迎茶話会」に臨んだあと、同日夜に劉英が「男女平等論」、廖秋桂は「日台婦女地位の差別」について講演した。この二人の女性は、七月二四日に通霄《つうしょう》（現・苗栗県通霄鎮）で二五日には大甲《だいこう》（現・台中県大甲鎮）でも講演していて、その模様を報じた八月八日の「通霄大甲の婦女講演」の記事には、近来各処において「婦女会」の組織が求められていると記されている。さらに、八月一五日には「諸羅《しょら》婦女協進会」が出現したとの記事が掲載されていて、嘉義街碧成《へきせい》堂の女性店主許碧珊《きょへきさん》が三〇人余の同志とともに「台湾諸羅婦女協進会」を組織し、七月二二日の発会式には会員女性による講演があり、林献堂の祝電のほか各地から祝電が届いたと報じている。「諸羅婦女協進会」に関する記事は、一〇月と一二月にもみられ、一二月五日の「嘉義婦女問題講演会」には、諸羅婦女協進会を婦女運動促進の成功と記されている。

『台湾民報』における一九二五年から二六年にかけての女性団体の組織や講演会の報道は、文化運動を推進する指導層の動向と深く結びついていた。『台湾民報』一九二六年八月八日の社説は、台湾女性の解放運動を呼びかけ、同胞女性の解放独立のための自己努力と、全島の女性大会開催に向けての大いなる取り組みを呼びかけていた。八月一五日の「論評」欄は女性の団結を訴え、台湾の幸福のためには民衆政治の実現が必要であり、そのための近道は労働者の解放と女性の解放にあると述べ、女性の奮起を促した。

女性運動論の左傾化

「台湾文化協会」が無産青年に主導権を奪われ分裂したのは、一九二七年（昭和二）一月であった。この年初め、『台湾民報』は「過去一年間の台湾思想界」と題する論説を掲げ、資本階級と労働階級の対立軋轢《あつれき》について記している。「資本制度」下における「自由主義の一派」と、「労働階級の論潮」を代表する「民主主義の一派」の思想対立について論じたのである。

同月末に掲載された評論「台湾解放運動の考察」では、無産者の進出と無産青年会にふれた上で、「台北無産青年女子部」を台湾における女子解放の先駆的組織と位置づけた。一月から二月にかけて三回連載の「転換期の文化運動」には、資本主義と社会主義の論戦が激烈となり、「台湾文化協会」は分裂に至ったと記され、二月下旬の「論壇」欄の「婦女運動の認識」では、「無産階級の婦女運動」に基づく「革命精神」を備えた「婦女解放運動」が提唱された。

この年四月の『台湾民報』には、評論「台湾の農民運動」や、布施辰治の「無産者解放の講演」（翻訳）が掲載され、五月には「農工階級を以って民族運動の基礎と為す」や、「階級闘争と民族運動」といった文章が掲載された。こうした『台湾民報』の論調の背景には、大正末から昭和初期にかけての台湾の農民運動と労働運動の展開があり、日本国内における無産運動の高揚があった。

この時期、日本は政党内閣の確立期に入り、男子普通選挙制が実現し、社会運動は活発化して、戦前日本ではもっともリベラルな時代を迎えていた。日本国内の風潮は、台湾の民族運動に刺激を与えるとともに、比較的自由な活動を可能にした。

一九二七年八月、『台湾民報』は念願であった台湾での発行を許可された。八月一日の同紙は、社説に「民報の転機　台湾統治方針更新の暗示」と題する文を掲げた。その前の月の七月一〇日には、台中で「台湾民衆党」の結党式が挙行されていた。二八年五月の同紙は、「サーベル政治から文教中心政治への転換」と題する文を掲載し、「総督府の方針が従来の警務局偏重主義から文教局中心主義へと転換しやうとすることは誠に時代思潮」に適《かな》ったことと記した。

ところで、『台湾民報』は、一九二八年七月から九月にかけて「台湾婦女問題」欄を設けて、「政治上の解放」「社会上の解放」「知識上の解放」についての投稿を募った。同欄には、「台湾婦女同胞の政治経済社会的地位」（七月二二日）、「我が台湾の婦女解放問題」（七月二九日）、「婦女解放運動と民族解放運動」（八月五日）、「台湾婦女運動方法の一考察」（八月一二日）、「台湾婦女の解放　現在の結婚制度を打破すべし」（八月一九日）、「台湾の婦女運動をどこから始めるか」（八月二六日）、「婦女解放は実際運動たるべし」（九月二日）といった文が掲載された。このうち、

「婦女解放運動と民族解放運動」および「台湾の婦女運動をどこから始めるか」という二つの文章は、同じ「紅農《こうのう》」の名で投稿されていて、台湾の無産大衆が世界の弱小民族と戦線を一つにして民族解放を完成することと、台湾の婦女解放運動はともに帝国主義侵略からの解放であり革命であると主張していた。

一九二九年一二月一日の『台湾民報』に、張月澄《ちょうげつちょう》の「台湾新進婦人の公開状（一）」が掲載され、日本の「新進女流論客」による婦人文化講演会についての新聞報道にふれて、「彼等はブルジョアの代言人か？ それともプロレタリヤ闘士の味方？」と書いた。「新進女流論客」とは、翌三〇年一月の婦人文化講演会講師として台湾を訪れることになっていた北村兼子・林芙美子・望月百合子ら一行を指していた。

『台湾民報』一二月八日掲載の「台湾新進婦人の公開状（二）」は、「ブルジョア婦人解放運動の特質」として、「所謂《いわゆる》『法律の水平線化』を求むるに過ぎない」、「単なる政治的デモクラシイの要求をなす一派」、「改良的社会民主々義の戦線をなすフエミニズムの一派」、「我闘争的プロレタリヤ婦人戦線を攪乱《かくらん》しつゝある奴輩」と記している。そして、一二月一五日掲載の「台湾新進婦人の公開状（三）」は「中層『灰色』婦人運動の特質」を述べ、「資本家階級の総動員手先に利用される反動的危険性を充分に具備してゐる」、「乍然《しかしながら》、一面に於て我プロレタリヤ戦闘同志の奮闘的活動や努力の如何《いかん》に依《よっ》て彼等を我陣営内に引入れ得るであらう」と書いた。

大正末から昭和初期に、「台湾の幸福」、自由と平等を求める運動は、日本国内の政治面や社会面におけるリベラルな風潮と呼応するかたちで大きな盛り上がりをみせたが、同時期に彼らの運動は、先鋭な「左傾」民族運動の波を激しく受けていたのである。その階級闘争革命理論に立脚して唱えられたのが、先にあげた「婦女解放運動と民族解放運動」や「台湾新進婦人の公開状」であった。

第五章　北村兼子と台湾

北村兼子について

北村兼子は一九〇三年（明治三六）一一月二六日に、大阪市北区天満に生まれた。二七歳で急逝したが、大正末から昭和初期の数年間、まぶしいほどの活躍をした。大阪朝日新聞記者からフリーのライターに転じ、国際会議にも出席し、得意の政治・経済評論や随筆を収めた一三冊の著書を出版した。新聞や雑誌には、膨大な数の作品を残した。

北村が関西大学法学部に学んだのは、一九二三年（大正一二）から二六年だった。在学中に、裁判官や検事、官僚への関門である高等文官試験に出願した。男の特権を振りかざし「超ムチャクチャ」発言をする官僚社会に風穴を開けようと、受験不許可を覚悟のうえでの出願だった。北村は、「法官に登用するくらいの小さな贈り物」さえ、女性に与えない試験委員会の狭量にあきれた。

在学のまま大阪朝日新聞社会部記者に採用されたのは、一九二五年四月。男性記者とまったく同じ扱いをうけて紙上に登場した北村は、たちまち人気記者となった。

「婦人が政治上の趣味のないようでは国家は振るわない」「学士や博士を八十軒長屋に見いだすようにならなければ学問の普及ではない」。豊かな教養を背景にウィットを効かせ、シャープな切り口で社会矛盾の核心を衝いた。

「衆議院で起こった暴力事件は、国民の頭を野蛮時代、原始時代に還元する。」「家庭にあっても暴力は必要なものか。」「尚武国、これが間違いの出発点だ、豚に牙をくりつけて猪《いのしし》だとは笑わせる、文明の神髄は思想をもって暴力を抑圧するにある。」いずれも、北村の言葉である。

社会部が企画した連載記事の取材では、新風俗と世相を探るため、女給に姿をかえてカフェに潜入した。彼女の記事は読者を大いにわかせたが、大衆紙からはげしいセクハラ攻撃を受けるきっかけとなった。職業婦人の人権擁護を掲げた『怪貞操』を出版し、同名のレコードを吹き込んで闘ったあと、北村は辞表を提出した。

パーマをあてた頭には、時代の先端をとらえる知性があふれ、軽装の洋服が包むきゃしゃな身体には卓抜した行動力が満ちていた。京大教授滝川幸辰や、有力政治家の鶴見祐輔、武内作平、小泉又次郎、実業家の福沢桃介らが北村の支援者となった。

東京・大阪間の寝台列車も、ホテルの一室も書斎となった。みずから「女浪人」を名乗った北村は、黒いスーツケースをさげ、一九二八年（昭和三）にホノルルで開催された汎太平洋婦人会議と、翌二九年の万国婦人参政権ベルリン大会に日本代表として出席した。得意の英語とドイツ語を駆使し、北村は活躍の舞台を世界に広げた。

ヨーロッパの旅から帰国した時、北村は三年以内に女性参政権を獲得できると確信していた。立法権を得て両性の平等が実現すれば、存分の働きをしたいと考えていた。

翌三〇年一月に、講演のために台湾を訪ねた北村は、四月に再び台湾に赴いて香港に渡り、中国を南から北へと縦断して各地で要人と会談した。台湾への講演旅行を機として出版した『新台湾行進曲』と評論「台湾民族運動史」（『大空に飛ぶ』所収）は、的確な知識と広い視野で東アジアの中の台湾と日本の現状をみごとにとらえたものだった。彼女は台湾と中国の旅を終えたあと、航空機時代の到来を予見して訪欧飛行を計画し、立川の飛行学校に入って飛行機の操縦免許を取得した。

婦人文化講演会

台湾での婦人文化講演会は、『婦人毎日新聞』の創刊一周年を記念して催されたものだった。同紙は、一九二九年（昭和四）一月に日刊紙として発刊され、本社を東京市日本橋区におき、関西支局（大阪市）・満州支局（大連市）・台湾支局（台北市）の三支局を設けていた。この新聞の発刊について、同年二月の『婦女新聞』は、「元東京連合婦人会労働部主任だつた山田やす子女史を編集長」に、「北村兼子女史を論説部長」として「一月下旬より発行されてゐる」と報じ、「資本金は大阪毎日新聞社から出てゐるとの噂《うわさ》」と記している。

北村兼子は二八年夏の汎太平洋婦人会議に日本代表として出席し、帰国後も新聞や雑誌で旺盛な執筆活動を続けていた。この多忙な北村が「気ままな女浪人」、すなわちフリーのライターのままで『婦人毎日新聞』の論説部長を引き受けていたのである。二九年秋に欧米の旅から帰った北村が、台湾での婦人文化講演会講師を依頼されたのは、彼女の知名度に加えて、「気ままな」とはいえ「論説部長」を引き受けたという縁によるものだった。

婦人文化講演会は台湾の主要都市で開催された。それは昭和初年のモダン文化と、リベラルな雰囲気をもっともよく象徴する催しの一つだった。講演会の講師一行は、日本全国に知られた「女性文化の尖端を行く人々」として、「全島の民衆に期待」をもって迎えられた（『台湾日日新報』『台南新報』）。総督府と各州庁も、現代的文化の伝達者として彼女たちを歓待した。

婦人文化講演会講師の中で、もっとも人気があったのが北村兼子である。講師には北村のほかに、生田花世・山田やす子・林芙美子・望月百合子・堀江かどえが加わっていた。一行は一月二日に神戸を発ち五日に基隆に着いた。

講師一行は台北駅で総督府秘書官や記者たちに出迎えられ、総督官邸の招待茶話会に出席したあと、夕刻に鉄道ホテルで最初の講演を行った。台湾総督石塚英蔵による招待茶話会の模様について、北村は次のように記している。

こゝで英気をつけて壇上に放たれるのである。断髪のもの、ハイカラの娘、男のやうな女豪、左傾の女闘士など総督を中心にしてしやべり立てるところ、頗《すこぶ》る天下の奇観。

台湾における植民地統治の最高権力者である総督に歓迎された日本のモダン女性の姿を、北村はこのように表現してみせたのである。『台湾日日新報』は、「北村兼子さんは流石《さすが》」、「言ふことが眼から鼻へ抜ける程のスマート振り」「布哇《ハワイ》の汎太平洋婦人会議や独逸《ドイツ》の万国婦人参政大会に出席して場所なれもしている」と記した。

五日の講演の模様を報じた『台南新報』は、「皮切りがツエ伯号飛行船を相手どつて名声を世界に馳せたジヤナリスト北村兼子さん」と記し、「婦人参政の主張の根拠」を示すと報じている。前年六月に、万国婦人参政権ベルリン大会に出席した北村は、ヨーロッパから帰国するにあたり、世界一周の途次にあった飛行船ツェッペリン伯号に乗船して、ドイツのフリードリヒス・ハーフェンから霞ヶ浦に向かおうとした。アメリカン・ハンブルク汽船会社に料金の支払いも済ませていたが、報道権の侵害を主張する朝日・毎日両新聞社の記者の妨害があって、彼女の乗船は実現しなかった。このことが、台湾でもよく知られていたのである。

北村のあとに登壇したのは、堀江かどえだった。『台南新報』は、「プロレタリア運動の尖端を行く」「風貌からしてプロ運動の闘士らしいところ」、「プロレタリア観に依る文化女性が将来の女性なる事」を語ると報じた。そして、「若い女性北村、林、望月の諸女史が今を渦巻くマルキシズムやプロレタリアを排してのんびりした人生を楽しみたいと云ふのは異様にも聞ゆるが一面首肯《しゅこう》出来ない事もない」と書いて、若い知識層の間における「マルキシズム」「プロレタリア」思想の流行現象にふれていた。

聴衆大いに沸く

一月六日は午後一時から台北共楽坐で、四時から文教局の主催で総督府一階において講演会が開催された。総督府での講演会は、「お役所帰りのお役人」や「女事務員などが押しかけて立錐の余地なき盛況」となった。翌七日の講演は新竹公会堂で行われ、八日は台中公会堂、九日台南公会堂、一〇日高雄澎湖会館、一三日嘉義公会堂と中南部諸都市での講演ののち、一五日に再び台北に戻り台北医学専門学校講堂で講演会が催された。

『台湾日日新報』と『台南新報』は、講師一行が帰途についた一八日までの動静と各地での講演会の模様を連日報じた。この間、『台湾日日新報』の六日付夕刊と『台南新報』一〇日付夕刊は、北村兼子執筆の「女軍出征」と「台湾の第一印象」をそれぞれ彼女の写真入りで掲載した。一〇日付夕刊は九日の発行であったから、『台南新報』は講師一行が台南に着いたその日に合わせて北村の文章を掲載したのであった。同紙には、八日の台中公会堂での講演記事も載っていて、「北村兼子、生田花世、山田やす子の三女史の熱弁最も傾聴に値する」と書いた。台南公会堂での講演の模様は、「旧都台南に新時代の風が吹く」の見出しで、翌一〇日の『台南新報』(一一日付夕刊)に大きく報じられた。

台南公会堂での講演は、九日午後六時半から開催された。『台南新報』は、「定刻前より予想以上多数の聴衆続々と詰めかけ、開会前已《すで》に全市知識階級を内面的に充分アヂテイートして了《しま》つたかの感を懐かせる」と書いたあと、講師一人ひとりの特徴を記した。最初に登壇した望月百合子は、「政治上の都合からとあつて甚だ苦しそうな演説振り」で「抽象的な議論」であったが、「正義を実行に移すのは妾《わたし》達の任務だと、はつきりした処《ところ》をみせた」と記してアナーキズム系婦人運動家としての望月の姿を描写した。

次いで登壇した北村兼子は、「望月女史の場合と異なつて時々挿まる野次に鮮やかな応酬を挟み」ながら、「明るいウイットで聴衆の哄笑《こうしょう》を絶ず捲起《まきおこ》し乍《なが》ら巧みに話」を展開した。北村は、「婦人解放運動及び参政権問題の現在の位置並に将来に就て如何にもジヤアナリストらしい手捌《てさば》きぶり」を示し、「『男性文明』の欠陥とそれが齎《もたら》した不幸云々と迄《まで》十分鋭い処を見せて」引き下がった。

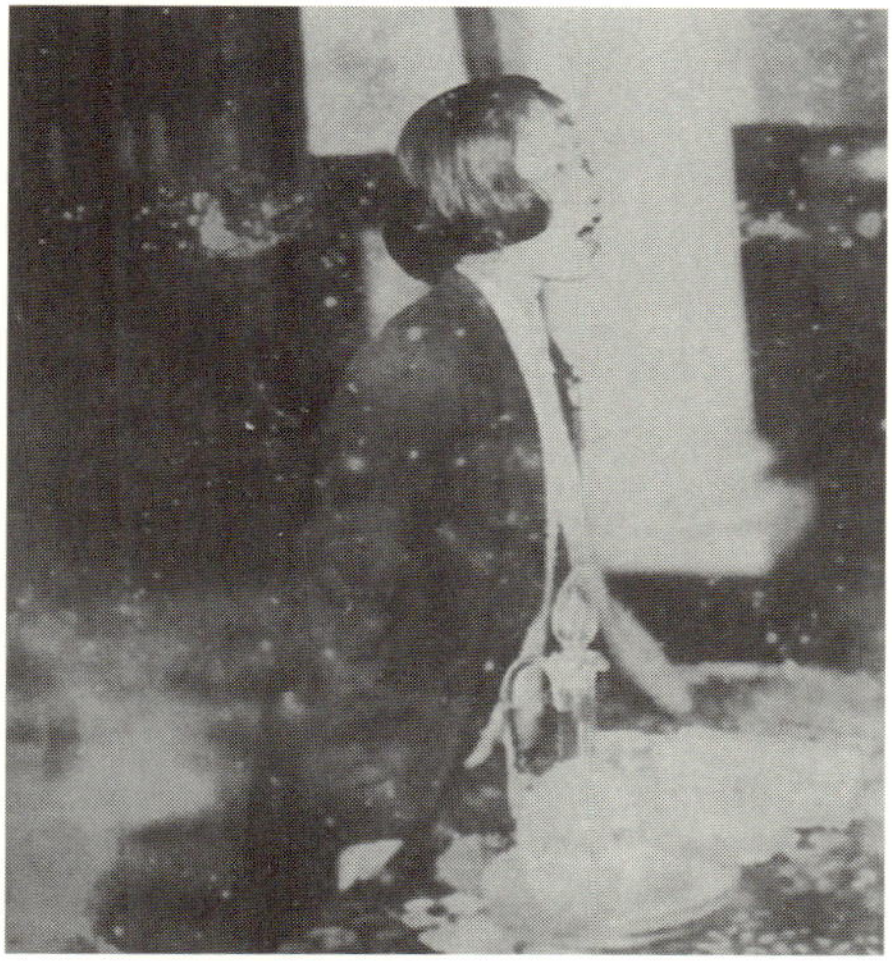

台中公会堂における壇上の北村兼子、1930年1月8日（北村家所蔵）

堀江かどえは、「北村女史の如何にもリベラルな言ひ方とちよつと妙な対立」が感じられ、「文化婦人の二つのタイプ」、「多分アメリカ型ソビエト型」にでもふれようとしながら、「取締の都合で」と「あつさり切上げて」しまった。

林芙美子は「詩人的なやゝ感情的な迄《まで》の烈《はげ》しさ」を感じさせた。生田花世は「純芸術家らしいプロフイルを床しく見せ乍《ながら》本題に入る文字通りの熱弁」をみせ、山田やす子は「婦人の地位の決定」に関して「評判通りの雄弁」をふるった。

『台湾日日新報』一月一五日付は、「聴衆を酔はした高雄に於ける婦人文化講演会」、「有識階級の人々を網羅」と報じた。同記事は、「一行中の花形北村兼子女史」は「婦人参政問題」について「発展過程を終へ私達の運動は既に燃上らんとする篝火《かがりび》の様なもので火を付けさへすれば燃上る、之《これ》に火を付けるものは男性を措《お》いて外にはないと並居る男性聴衆を悦ばせ、男性文明の欠陥を指摘して微苦笑をさそふ等終始洗練された話術と朗らかな明るさで満場に哄笑をわかせる辺り流石と思はせた」と記した。一月二五日付の『台湾民報』掲載の「婦人講演団一行」の記事にも「人気者の北村女史」と記されている。同記事は、北村兼子は「フェミニスト」、望月百合子は「アナキスト」、堀江かどえは「ソシヤリスト」、林芙美子を「ニヒリスト」、山田やす子は「社民党員」と記した。

台南の一日本人女性

各地での婦人文化講演会では、聴衆の六割が男性、四割が女性といったところであった。聴衆は台湾人も台湾在住の日本人も、そうとう知識があり思想的関心の高い人たちであった。台湾語で野次が飛ぶこともあった。

台南では、数年前から北村の著書の愛読者だった台湾在住の日本人女性が講演を熱心に聞いていた。この女性が半年後に北村に宛てた手紙が現存している。その手紙を通して、婦人文化講演会の聴衆だった日本人女性の具体像と意識の一端をうかがうことができる。

手紙の日付は七月一日、台南市新町二ノ七四の坂本住枝から大阪市中之島の北村兼子に宛てられ、消印は一九三〇年七月三日である。坂本は、この年一月の台南での婦人文化講演会で北村の講演を聴いたあと、「手紙にて御礼を申上げやうかと幾度も」思ったが、「余り何もかもに隔りのある事を思ひ」遠慮していたところ、「御新著拝見致しとうとうひかえてゐる事も出来ませぬやうな衝動にかられ拙い文をさし上げました」と書いている。「御新著」とは、北村の一一冊目の著書で、この年四月に出版された『新台湾行進曲』のことである。

手紙には、「渡台後十五六年」とあり、「世の奥様方のやうな安易な寄生虫のやうな事は致して居りませぬ」、「つまらぬながら職業をもつてゐます」と書いたあと、それゆえ余計に「男性専制に苦しめられ」「自分の拙い宿世を顧み悲しみますけれども」、「私のいひたいと思ひます事は何もかもすつかりあなた様が世に向つて仰つて下さいます」と述べた上で、自己の望みにふれながら次のように記している。

世の為に尽くす事の出来ます身では御座いますなれば、何もかもすて、駆け巡りたいと存じますが、心ばかりはやりますもの、つまらぬ身はたゞ陰弁慶に終わります。伝統的の男性の圧制はなかなか私共の生きてゐる中にはよくはなりませぬけれども、あなた様のやうな方が二代も三代もつゞく内には必ず女にもい、世の中になります事を信じます。

続いて彼女は、「女ばかりでは御座いません」「男も下層な者ほど苦しめられてゐます」と記し、権力的で不平等な政治を批判しつつも、「私もこんな事申しては」「失業の苦を見ねばなりませんから」「おとなしく気の毒な人達を視て居ります」と書いていた。

手紙からはこの女性の職業はわからないが、一九三〇年八月一日現在の『台湾総督府及所属官署職員録』の医院の項目に「台南婦人病院　台南市新町（一三〇）」とあり、そこに「看護婦坂本住枝」と記されている。彼女は台南婦人病院の「看護婦」だったのである。同病院の職員は、「院長（兼）地方技師　野田兵三」「医員　清水清一」「嘱託　葉南輝《ようなんき》」「事務員　村井尚」「看護婦　坂本住枝　益子ミツ子」の六人であった。

坂本は北村宛の手紙の中で、男性も「下層な者」は、位の高い人の「一日の旅費にも足らぬ程の一ヶ月の収入にて吾子《あご》を多く扶養してゐます」と書いていた。このときの台南婦人病院職員の給料月額は、医員一三五円、嘱託三〇円、事務員七三円で、看護婦の坂本が五三円、益子は三三円であった。

台南婦人病院は新町一丁目にあり、坂本は同二丁目に住んでいた。一九三五年（昭和一〇）の「台南市街図」と一九四〇年（昭和一五）の「台南市区改正図」をみると、新町一、二丁目は台南市街西端にあった運河の「台南船溜」のすぐ南西だったことがわかる。現在の台南市中西区康楽街である。

婦人文化講演会の会場となった台南公会堂の建物は、台南市民権路二段三〇号に現存していて、

「原台南公会堂」と標示された史跡案内板に一九一一年（明治四四）に落成し開館したと記されている。

婦人文化講演会講師一行は、三〇年一月九日午後四時過ぎに台南駅に到着し、「官民及各夫人並びに操觚者《そうこしゃ》（記者のこと）等多数」に迎えられた。一行は「知事官邸における永山知事招待の晩餐会に臨み」、小宴のあと台南公会堂に入った。講師たちは、新竹でも台中でも高雄においても知事官邸に招待され、知事や夫人の歓待を受けた。

林献堂家の人びと

北村兼子が女医の蔡阿信に誘われて、台中霧峰の林献堂家を訪ねたのは、一月九日であった。北村と蔡阿信とを引き合わせたのは、台湾総督府医学専門学校長の堀内次雄だった。蔡と北村のそれぞれに、堀内が会うようにと勧めていて、北村が台中に着いた一月八日に蔡が訪ねてきたのであった。

蔡阿信の訪問を受けた北村は、ほかの婦人文化講演会講師も誘って八日午後に、蔡の開業する清信医院を自動車で訪ねた。北村と生田花世・林芙美子・望月百合子・山田やす子・堀江かどえの六人は、清信医院で蔡阿信の台湾服を借り、蔡夫妻と記念撮影をした。

翌九日の朝、自動車を用意した蔡阿信が北村を迎えに来て、彭華英の案内で霧峰に向かった。途中「水の流れなき砂河原」を渡ったとき、橋を架けても一度の雨で流されるとの彭の話であっ

清信医院を訪ねた婦人文化講演会講師一行。前列右端北村兼子その後ろが蔡阿信。1930年1月8日(北村家所蔵)

た。北村は「林献堂氏や階堂氏一家は砂河原に水が出たときは一体どうなるか」「雨が降つたら民衆思想の運動も一線を隔て、台中と遮断せられるのだらう」、「総督府が橋をかけたら林家の議会請願運動に出かける時に便利とならう」などと、頭を巡らした。北村の脳裏には、「左傾運動」が奔流となって激動する台湾における社会運動の現実が浮かんでいた。大雨による激流は、澎湃《ほうはい》たる台湾民族運動を象徴的に表わしていた。

北村は、「林《りん》氏の政見は正しいとしても」、「その手段、政策、方法については異論」を抱くものだったが、林献堂とその一族からは深い印象と教訓を与えられた。林献堂の「深遠な学殖、寛容な襟度《きんど》、そんなものを総合した偉大な人格」が、彼女の脳にしみ込んだのであった。

林献堂の長男林攀龍《りんはんりゅう》（南陽《なんよう》）は、北村兼子と二歳違いの一九〇一年（明治三四）三月生まれで、一九二五年（大正一四）に東京帝国大学法学部を卒業し、イギリスとフランスに留学した。「ケンブリッヂが生んだ秀才らしい優型」と北村が評した林攀龍は、幼時から家庭で漢学を学び、高等師範付属中学校から第五高等学校（熊本）をへて東京帝国大学に進んだのであった。

漢学者の家に生まれ漢詩を得意とした北村兼子は、林攀龍と幾編かの漢詩を親しく交わし意気投合した。林攀龍は北村が台中を去るとき、林南陽の名で次のように詠んで彼女に贈った。

米欧踏破尚紅顔　讃仰純心浄世間
一月萊園《らいえん》春将美　嗟《ああ》君倏《しゅっこつ》忽去台湾

この攀龍の漢詩にみえる「萊園」は、霧峰林家の名庭園のことである。林家を訪ねた北村は、「食畢《おわ》つて萊園を逍遥《しょうよう》すること一刻」「老萊子《ろうらいし》の孝心をあやかつて萊園と名づけたのは、攀龍氏の祖父君がその母を喜ばすために建てた隠居所」「庭園の広大さ、後に山を背ひ池を含んで沈香亭をしのばせる」と書いた。

九日後に北村が台湾を去るときにも、林攀龍は「送北村女史還郷」「有暇還来南国郷」と記し、台北から基隆《キールン》に向かう北村のもとに送った。北村は「台湾の人たちが私の再遊を要請」していて、「近く南陽氏にお眼にかゝることができるかも知れない」と思った。三か月後に北村が再び台湾を訪れたのには、このときの講演旅行で接した彼女の主張とそのパワーに魅せられた台湾の人たちからの熱心な要請があったからである。

なお、台中霧峰で北村は、林献堂家の人びとと親しく接した。この時の北村兼子を迎えての「吟席」における林階堂の墨書が現存している。林献堂の日記一月九日には、彭華英の案内で午前九時に北村兼子らが来訪したとあり、長男攀龍と娘婿の天成が「萊園」を案内し、そのあと昼食をともにしたと記されている。

『新台湾行進曲』

台湾での講演旅行を終えて日本に帰った北村は、翌二月に『表皮は動く』を平凡社から出版し、再度台湾を訪ねることになった四月に、『新台湾行進曲』を婦人毎日新聞社台湾支局から出版した。『表皮は動く』には、一九二九年の欧米巡遊を通して結実した北村の評論や随筆が収められた。『新台湾行進曲』は、三〇年一月における台湾講演旅行の旅行記の形をとりながら、台湾の社会状況の核心に触れようとしたものであり、後半部分には欧米の旅に関する作品が収められた。

『新台湾行進曲』の表紙を飾ったのは、パリで親交を結んだ藤田嗣治が描いた女性の顔であった。北村のために、藤田がパリから送ってきたのである。台湾で彼女が親しく接し懇談した台中霧峰の林献堂と、台北の大実業家林熊徴《りんゆうちょう》は、『新台湾行進曲』に序文を寄せている。

林献堂は同書の序に、「北村兼子女史を我が村霧峰に迎へて隔てなく歓談する事が出来たのは余の近来最も欣快《きんかい》とする所である」と記し、「女史が婦人参政権運動の為に身を挺《てい》して第一線に立ち闘志に燃えた活動を続けて居られる事は周知に属し今更余の贅言《ぜいげん》を要しない」とした上で、次のように書いた。

現代は行進の時代である。進出の時代である。今迄人類生活の原野に姿を認められず、片隅に蟄居《ちっきょ》し又はさせられてゐた者も一様にこの中原を目がけて行進する。台湾は近年少しく進出したが未だ〳〵目的のカナンの地には甚だ遠いのである。吾人は今や空前の一大躍進を遂げんが為にひそかに英気を養つてゐるにすぎないのだ。心ある者は我が島に瀰漫《びまん》しつゝある雄叫びに耳を引かれるに相違ない。それは河川が自由の大海に出でんとして岩に激し岸を打ちつゝ、驀地《ばくち》に行進する悲壮な調べに比するものである。これが台湾行進曲なのだ耳！を傾けて聴け！その中にはあらゆる音色がこめられてある！——抑圧に苦しむ者の声、慰撫《いぶ》のうるほひあるさゝやき、約束された地を翹望《ぎょうぼう》する者の祈り、瞬間の失望のうめき、人類愛の勝利に徹底的信頼を置く者の歓声、それらは渾然《こんぜん》として融合しあひ、一大行進曲を構成してゐる！南国の島の歌も風の書も、そして水の楽も！

林献堂（林芳媖氏提供）

右の文に続いて林献堂は、「北村女史は理性の最も陶《とう》冶《や》され、感性の最も先鋭な、真の近代的女性である」、「女史は我が台湾の天地に漂ふこの行進の楽の音を聞き洩《も》らす人では断じてない」と記し、「『新台湾行進曲』の中に描写された台湾は、台湾のカリカチュア（戯画）ではなくして真の台湾である」と書いた。

北村は『新台湾行進曲』の中で、「林献堂氏一派によつて主張される台湾議会設置請願運動も、私たち婦人参政権運動と、もに、毎年の議会景物の一つとして、あいまい模糊《もこ》の中に肩すかしをやられる」、「けれども二つの運動は成功期の近づいてきたことだけは言ひ切ることができる」と記していた。

林献堂を訪ねた一月の講演旅行のとき、北村の講演主題は「婦人平和主義」「婦人参政権問題」「婦人解放」などで組み立てられていた。当時彼女は、この主題を根底にすえて世界の平和と平等の実現に向けての道筋をつかもうとしていた。北村は林献堂が求める政策と方法には必ずしも賛成ではなかったが、「抑圧に苦しむ者の声」「人類愛の勝利に徹底的信頼を置く者の歓声」を聞こうとする彼の人格に接し、その心の奥深くに響き合うものを確かめることができたのであった。

林献堂とともに序文を寄せた林熊徴は、一八八八年（明治二一）一一月台北板橋林本源《りんほんげん》家の生まれで四一歳、台湾財界の大物であった。林熊徴は『新台湾行進曲』の序に、「大朝紙上ニ将《は》タ幾多の著述ニ、又各種代表的雑誌ニ、女史ノ高邁《こうまい》ナル論旨ト流麗ナル才筆トヲ見テ常ニ敬服セル予」と記し、「女史ノ論旨遠大雄渾《ゆうこん》東洋文化ヲ礎トシ西洋文化ヲ材トシ女界女性ノ最高標塔ヲ築ケルモノ」、「女史ハ啻《ただ》ニ日本女性ノ先駆タルノミナラズ、東洋女性ノ急先鋒タルニ止マラズ、世界女性ノ最大光明台タラズンバアラズダ」と書いた。北村兼子は、前年の万国婦人参政権ベルリン大会へ出発する直前に、東京・丸の内ホテルで林熊徴に会っていてすでに顔見知りであった。林熊徴は台北を訪ねた北村を歓迎し、林本源家から育った実業家の許丙《きょへい》や張園《ちょうえん》とともにもてなしたのであった。

　許丙は一八九一年一一月生まれ、林本源製糖株式会社監査役などをへて日星商事株式会社副社長であり華南銀行監査役であった。北村は許丙について、「覇気《はき》漲《みなぎ》る青年実業家」「台湾実業界に乗り出した若駒」と記している。一八九五年生れの張園は、日星商事常務取締役および日本醤油代表取締役だった。

林本源家庭園の北村兼子、1930年１月（北村家所蔵）

　このとき北村は、台北板橋の由緒深い広大な林本源家の庭園を訪ねていて、その時の写真数枚が現存する。この庭園は、現在「台北県第二級古跡林本源園邸」として一般公開されている。なお、林熊徴は一九二〇年（大正九）三〇歳のとき、東京台湾青年会の機関誌『台湾青年』発刊に際して林献堂とならんで千円を寄付していた。

民族運動への関心

一九三〇年一月に台湾を訪ねた北村兼子は、台湾の社会・経済問題に目を向け、日本統治下の民族運動に強い関心を示した。『新台湾行進曲』の中で北村は、「台北では相当に取締りが厳重なため」、「思想潜行運動」は「台中から高雄に及んできた」、「階級には民族の裏打ちがある」と記し、「渾然《こんぜん》たる融和」は「まだ得られないといふよりも益々相反発して行く傾向」にあり、「台湾の疾患はこゝにある」と書いた。

新竹で「総督政治の批評談」をたくさん聞いた北村は、「南支からうねつてくる思潮は台湾の過激思想を支配してゐる」、「内地産のものとちがつて、ソビエート・ロシアからくるものより、孫文にガンヂーを調合したような意見もあつた」と記した。官吏には「内地人が多く本島人を使はないといふ批難」、「評議員、協議会員は官僚とブルジョアによつて占められ、総督の意思に迎合して島人の益を顧みないといふ悪声」を聞き、北村は「民族の融和ほどむづかしいものはない」と感じた。属領地の台湾では、普通選挙が実施されたとしても、「台湾民衆党や文化協会員のいふやうな不満」は消えないが、とにかく「市街庄の自治を原則として認め」、「公吏や名誉職はなるべく早く選挙」とする必要があると、彼女は主張したのであった。

台中の講演では、「無産主義者蟠踞《ばんきょ》」の土地柄から、野次も多く質問者も少なくなかった。ここで北村は、台湾の農民運動と労働運動に目を向けた。彼女は『新台湾行進曲』の「台中の巻」に、「全島耕地の一割四分は製糖会社に兼併」され、「全島耕地の二十二パーセントが内地人の所有であることは、少し社会眼のあるものなら戦慄《せんりつ》せずにはゐられない未来を持つ」と記し、「台湾の小作慣行は頗《すこぶ》る悪い」「商人の融通手形ほどの期限しか小作権がないから、小作人は一期ごとに転々せねばならぬことがある」と書いた。「台中名物の三万の会員を持つ農民組合は内地から糸を引いてゐる」、「労働争議は台湾においては内地資本家を相手にすることによつて亢奮《こうふん》性を増すのである」と記し、「三菱竹林問題」「台湾青果会社事件」「日本拓殖事件」などを事例としてあげていた。その上で、「台湾民衆党も民族的色彩をぼかして結社をゆるされたが、ソビエート・ロシアにも内地にもあるやうに右と左の争ひは絶えない」と記し、「普選の要求、言論出版集会の自由、学制改革などの題目の外に男女平等の原則を確認し、女権運動を援助し人身売買に反対するなど私たち婦人運動の題目そつくりである」と述べた。

台中では、「学問の機会均等に浴しないといふ不平」の声が多かった。北村は、「内地では教育の機会均等は男女間の問題であるが、ここでは内地人と本島人との間に溝渠《こうきょ》を画する一線である」と記した。そして彼女は、中等学校の入学試験で「本島人に合格者の比率が少ないのは、果たして採点に差別待遇が行われてゐるのであらうか」と書いた上で、「私一人の考えとしては入学の偏頗《へんぱ》といふよりも、試験問題と教授科目が台湾式でないといふ点にあるとして、その立策の変更を要求するのが本筋ではあるまいか」と述べ、「民衆党が公学校にも必須科目として漢文科を加へよといふのは、国粋民族運動とばかり思つてはならぬ」と記した。

「台湾民族運動史」

北村兼子は『新台湾行進曲』の中で、「同じ左傾でも民衆党と文協派とは傾く軽度がちがつてゐる」、「台湾議会請願者の行動も、相当に過激な熱を吐いてゐる」と記した。さらに『台湾民報』の「左傾」論調にふれて、「総督府も言論には相当の寛容を与へてゐるやう」だが、「あれ以上いひ切らうとするならばソビエート・ロシアへでも移住せねばなるまいと思ふ」とも記した。その上で、「民衆党の機関紙の論説もまだ文協派を満足させる程度に達しない手ぬるいものとして、林献堂一派を裏切り者と罵つている」「文化協会からみると、猶《な》ほ労農党から社会民衆党をみるごとく共産思想の不足を感じるらしい」と述べて、複雑な民族運動の構図の一端にふれていた。

北村は、『新台湾行進曲』とは別に、「台湾民族運動史」と題する文章を執筆していて、ここで彼女は台湾の民族運動の歴史を具体的に記し、その現状と問題点を明確に示していた。

彼女は「台湾民族運動史」の冒頭部分に、「大正七年林献堂氏――安部磯雄氏を金持ちにしたやうな人でありガンジーから宗教を抜いたやうな人が――東京の中華第一樓に内地留学生を招いて『台湾に尽すべき方法如何』といふ題で討論せしめたところ六三の撤廃が先決問題であるといふ結論に達し、この方針によつて台湾と呼応して運動を進めることを申合せた」と記し、次のように書いている。

法律第六三号は明治廿九年三月帝国議会で特別の法規を制定する権限を台湾総督に与へたも

ので、昔は土匪《どひ》を退治する宝刀であり、今では民族運動者の頸《くび》にかけられた縄である、土匪は克平され法律の形骸だけが残つてゐるのであるが、民族運動者に対してはこの形骸が生気を吹きかへして活動することがある。台湾人は死法の濫用《らんよう》であるといひ官憲は慎重の正用であるといふ。

中にも匪徒《ひと》刑罰令は、「何等の目的を問はず暴行脅迫を目的とし多衆結合するを匪徒の罪となし首魁《しゅかい》教唆者、謀議に参与し又は指揮をなしたる者は死刑に処す」と、治維以上の威力を発揮する。保甲条例は「地方の安寧を保持する為め人民をして連座の責任を有」せしめる旧幕時代の制度であり、浮浪者取締規則は「必要なる拘束を加へ定住地又は強制就業執行地に送致する」のは社会運動家を拘束するに重宝なものである。その外に警察犯処罰令は項目が内地の倍以上もあつて百二十二項に分れ網目は甚《はなは》だ細かい、民衆運動はこれ等を撤廃することから始まるといふのである。

このように書いた上で、北村は一九二〇年（大正九）の台湾総督府評議会設置後の動きや、翌二一年からの台湾議会設置請願運動の変遷、文化協会の活動と分裂、農民運動および労働運動の動向などについて、日本資本の台湾進出や民族運動抑圧事件とも関連させて叙述した。

反感の止むとき

北村は、台湾総督府評議会の「評議員も相当に台湾人の福祉のために働いてゐるが一括して総督府に媚《こ》びるものとされて内地人と、もに排斥される」、「これに対して公益会が大正十二年八月に勳三等辜顯栄《こけんえい》、勳四等林熊徴氏らによつて創立された」、「許丙氏の主宰する昭和新報は資本家を代表する機関新聞である」と記している。一方、「大正十二年十二月総督府法院条例を改正して『施政に反抗し暴動を成した罪』『政治に関し枢要の官職にある者に危害を加ふる目的をもつて犯した罪』は第一審で終審をすることにして民族運動者をふるひ上らせた」と書いた。一九二七年（昭和二）の分裂後の文化協会については、「『本島に於ける無産階級大衆を結合し階級運動により解放の目的を達成』せんとする結社で台湾聯盟、社会問題研究会を別働隊とし排内地思想、三民主義を高唱する」と記している。そして、台湾の経済と民族運動に関して、「包種茶は支那人と台湾人との手にあり、ウーロン茶は白人と三井との手に、米の商権は三井にある、三井は手を包種茶に延ばしかけたから又問題の種を蒔く」、「始めの苦しい中は台湾人にやらせて置いて盛んになる見込が付けば大資本組織で母国人が取り上げてしまふ」と書いたあと、農民運動・労働運動の動向を具体的に述べていた。

このように、北村の目は日本の統治政策の具体例から台湾社会の階級的動向、経済問題、東アジア情勢を網羅したかたちで、実に広い視野から台湾の民族運動をとらえていた。

北村は一九二四年（大正一三）を台湾における民族運動の転換点との認識を示していて、「この年になつて単純な民族運動が経済的に進化して大資本対労働者、地主対小作の争議が妥協点を見出し難いまで急速にかつ深刻に発展した」と記し、民族運動と複雑にからまり激化する大正末から昭和初期における農民運動と労働運動の具体的事例について書いた。そして彼女は、「階級闘争が民族問題と絡んで内地人を攻撃の目標とする、これでは妥協点の見出しようがない」、「内地資本家に攻められて台湾の小経済機構は飛ばされてしまつた」、「従つて民族的反感は強くなり植民地としての搾取利潤が薄くなる」、「搾取利潤が薄くなれば占有の経済的価値は少なくなるが、利潤の全滅する時に達せねば反感は止まない、日の没しないはづの大英帝国も今に暗黒の時が多くなるかも知れない」、「私はこの文の結論を付ける勇気を持たない」と結んだのであった。

なお、北村には「蕃人処置策」「モダン蕃人ガール」など、台湾の原住民について記した数編の評論がある。彼女は「蕃人処置策」の中で、「彼らは原住民であり主人公であつたことを忘れては人道に背く」と書いた。その上で、「児玉総督、後藤民政長官時代には統治発展の最高潮に達し、内は匪徒《ひと》を平げ外は福建不割譲を支那に宣言せしめ、生蕃に対しては『殴つて撫でる主義』に成功したといふもの、忌憚《きたん》なくいへば、どれも持て余し主義であつた」と述べ、「殴つて撫でる主義を分解すると『殴る』といふのは散弾を生蕃の頭上に雨降らすことであり、『撫でる』とは蕃児教育とお坊さんの説教と薬の施しとであるが、彼らは殴られることの痛かつたことを忘れない」と記したのであった。

「台湾の幸福」への共感

北村兼子執筆の「台湾民族運動史」には、「第二次普選によつて開かれる議会に提出される台湾議会請願書は民衆党によつて準備されてゐる」と記されている。その請願書の大要として、「地方自治の完成」「言論の自由」「行政裁判法の実施」「産業政策の更新」「社会立法と悪法の廃棄」「支那渡航旅券制度の廃止」「官吏加俸の廃止」「司法制度の改革」「アヘンの厳禁」「保甲制度の廃止」「義務教育の実施」があげられている。

「第二次普選」、すなわち男子普通選挙による二回目の総選挙（第一七回総選挙）が実施されたのは、一九三〇年（昭和五）二月二〇日であった。この総選挙のあとに開かれた第五八特別議会は、同年四月二一日に召集し五月一三日に閉会した。

北村は「台湾民族運動史」の中に、二月の総選挙後に開かれる予定の第五八特別議会（四月）に提出するための「台湾議会請願書」が「民衆党によつて準備されてゐる」と記しているのである。その前段では同年二月に「国際聯盟のアヘンに関する調査員が台湾に来た」と、二月までの出来事を書いていた。これらのことから、北村が「台湾民族運動史」を執筆したのは、一九三〇年三月のことと推測される。

北村の「台湾民族運動史」は、一九一四年（大正三）一一月に板垣退助が台湾を訪ねたところから書き起こされていて、「林献堂氏を始め総督政治に不平を抱くものは総出になつて救世主としてかつぎ廻つた」とあり、「蔡培火氏は当時台南公学校の訓導であつたが」、板垣の演説を「通訳した廉《かど》によつて職を免ぜられたほど」と記していた。その後十数年の民族運動史の激変を叙述するなかでは、「台湾文化協会」総理をへて「台湾民衆党」顧問の位置にあった林献堂の存在は、しだいに希薄化せざるをえなかった。

北村は日本の統治政策や資本進出の実態を明確に批判しつつも、「左傾運動」とは一線を画する位置に立っていた。だが、事実を重視する彼女の目には、「左傾運動」の激流に飲み込まれる台湾における民族運動の現実が映じていた。この現実を記述するなかでは、林献堂の存在は希薄とならざるをえなかったのである。北村が「台湾民族運動史」を執筆して四か月後の、三〇年七月から『台湾新民報』に連載された前掲の謝春木執筆「台湾社会運動十年史概要」は、一九二〇年代初期までの林献堂と蔡培火について、「今右派に立つ林献堂、蔡培火両氏も当時は極左派であつたことは注目に値する事実である」と記し、「其《それ》は彼等が退歩したといふのではなく、社会進化の風浪が余りにも急激にして、渚《なぎさ》に打ち上げられたからである」「御両君を軟化者と評する一派の人に対して此《こ》の事実は良い弁明にはなるだらう」と述べていた。

なお、北村は三〇年一月に霧峰林家の名庭園「萊園」を訪ねたときの印象の中で、次のように記している。

台湾が乱れて萊園の存在はない。私たちの理想とする婦人平和主義が国際的に行はれて、始めて庭園を楽しみ人生を楽しむことができるのである。

周囲の群小が林氏を誤解せしめ、先生の徳を煩はすことの多いのを遺憾に思ふ。林先生の真意がどこにあるかは内地で文化運動をやつてゐる私には霊犀《れいさい》一点相通ずるところがある。私には不可解のものではないが、彼等鶏鳴狗盗《くとう》の徒が萊園をもつて梁山泊《りょうざんぱく》とし、左傾運動の兵站《へいたん》を林家に仰がんとするのは腹が黒い。大林献堂先生は宋公明となるなかれ、なつてはならない。南陽の臥龍《がりょう》をもつて任ずべき人ではなからうか。あせつて熟しない木瓜をむしるよりも退いて風雲をまつがよからうと思ふ。

北村兼子は、「資本主義にも共産主義にも」偏らず、自由人の立場、すなわち彼女の言う「女浪人主義」に立脚して、人類の平等と、世界の平和確立を主張していた。日本による台湾植民地支配についても、彼女は統治の実態を直視し、世界のわく組みのなかで問題点をとらえ、自由と平等そして幸福を求める台湾の人びとの主張と運動に共感を示した。だから彼女は、一月の婦人文化講演会の旅を終えて台湾を去るとき、左右中道の別なく台湾の人びとから、再度の来訪を請われたのである。

国際婦人平和主義

一九二八年の汎太平洋婦人会議は、太平洋地域における初めての女性の国際会議だった。この会議に政治部委員として出席した北村兼子は、ホノルルで各国文筆家との会合をもち、太平洋の平和について話し合った。会議を終えて帰途についた北村は、春洋丸の船室で平和への思いを綴った。

太平洋は「戦争の可能性の濃厚なところ」、「しかもこゝで起こる戦争はとても恐ろしい世界開けて以来の大戦で、科学の知識を傾けたぞつとする光景を展開するであらう」と記した。そして、男たちが敷いている「外交レールの終点が戦争駅なら、一日も早く脱線させねばならぬ」と訴えた。

翌二九年の万国婦人参政権ベルリン大会では、婦人参政権・世界平和・男女平等市民権の確保をテーマとして、四四か国の代表が出席した。日本代表委員の北村兼子は、ドイツ語と英語で数度の演説を行った。大会会場での演説では、小柄な彼女の大きな声に満場がわいた。北村が活躍したこの大会の決議によって、日本女性への速やかな参政権付与を求める浜口雄幸首相宛文書が、大会会長コーベット・アシュビーの名で作成された。

ベルリン大会への往路は、朝鮮半島からシベリア経由だった。途中北村は、奉天（瀋陽）で張学良と会談し、「婦人時代が世界的に展開する大勢」を語った。満洲里《マンチュリ》では「いま亜細亜を離れる」を執筆し、朝鮮に対する日本の植民地支配と同化政策を批判した。モスクワでは「ソビエート・ロシア」の組織や施設を見学し、「無産党のいふほど理想国でもなく、資本家のいふほど禽《きん》獣《じゅう》国でもない」との印象を深めた。

国際会議での活躍と、太平洋と欧米の旅を通して、北村の視野は世界的規模に拡大した。三〇年四月に北村が再度台湾を訪ねたころ、平和と平等を求める彼女の思想と行動は、「女浪人主義」と「国際婦人平和主義」として鮮やかな輪郭を現わしていた。北村が掲げる「女浪人主義」とは、「資本主義にも共産主義にも」偏らず、固定観念を排して世界のわく組みをダイナミックにとらえようとするものだった。自分の目で「地球の表皮の上を這《は》う人間の動き」、世界の動きを事実のままに観察した上で、一切の戦争を悪とし、人類の平和と幸福を女性の力で打ち立てようとするものであった。

北村の評論「国際婦人平和主義」は、『外交時報』の三〇年四月号に掲載されている。ここで彼女は、「一の優越せる民族が他の弱小な民族を自国の領域に強制包容することの危険は、いかに強い軍備があつても免れない」と書いた。「人間の権利が平等を原則とする以上は、国家権も平等であらねばならぬ」、「男女の生活に不均等があり、人間に階級のあるごとく」国家にも階級が存在するのは不条理である。「残虐な戦争」の後の「念仏論の平和でも」、「気まぐれものとしないで固く地球に釘付けにしなければならぬ」、「文化の協力によつて闘争を緩和することは参政権をもつ婦人の国際的提携によらねばならぬ」と主張した。

「婦人平和主義」は「コミュニストからは欺瞞《ぎまん》であり、偽善であり、神秘的反国粋主義者として排斥せられる」、「ファシストからは優柔であり、遊戯的であり、軍国国家の歩調を乱すものとされる」が、婦人は「平和を愛し破壊を憎む」。「資本侵略の道具に使はれることも」、「革命の手品に使はれることも」、「婦人は断じてお断りする」。「男性の理屈業者からは浅薄と笑はれようが」、「戦争は嫌《いや》」、「理屈の通つた不正より、理屈の通らぬ正義を尊重する」。「血腥《ちなまぐさ》い戦争は遠い未来のことのやうに思つてはならぬ」、「今何時でも始められる準備が完成してゐる」、「未来を予想してゐるのではない、現在の今のことを処置しているのである」。いずれも、評論「国際婦人平和主義」に記された北村の言葉である。

中止を命じられた講演

一九三〇年四月一三日、北村は再び台湾を訪ねた。『台湾日日新報』四月一四日付は、「北村女史の講演会　十六日夜　鉄道ホテルで」と報じ、一七日付同紙は「婦人問題講演会　非常な盛会」「聴衆は続々とつめかけた」と記した。北村は台北の鉄道ホテルで講演した一六日から二三日まで、五回にわたって随筆「台湾ぶら」を『台湾日日新報』に掲載した。

台湾を再訪した四月に、北村は台北と台中の二か所で講演していて、『台湾新民報』四月二六日付は、一九日夜の台中公会堂での講演の模様を「女浪人講演傍聴記」の見出しで報じている。同記事は、北村の講演が「女浪人主義」と「国際婦人の発言権」という二つの題目で語られたと記し、彼女の主義は「非資本主義」「非共産主義」であり、両主義の長所を取り短所を捨てて中道を行くものと紹介した。続いて「国際婦人の発言権」について、強力な殺人兵器によって人類が相殺戮《あいさつりく》する悲劇を避けるため、一切の兵器を消滅させなければならないと訴え、次のように語ったと記している。

軍備は絶対的に不要であり、愛国心なるものが人類の平和を縮少するのであって、戦争が発生しなければ平和は自然に保たれる。男子は勇気を重んじ、女子は平和を愛する。勇気の才ありて戦争が起こる。戦争の罪悪の一切は、すべて男子によって引き起こされる。先の欧州大戦は、純然たる男性の過失であり、女性が政治上の権限を獲得したならば、全世界の女性が互いに相提携して、多くの国家を大同して世界永遠の平和への道を手にすることができる。人類の幸福は女性の力によって初めて享受することができる。

北村はこのときの講演でも、「女浪人主義」と「国際婦人平和主義」を掲げ、女性が政治の実権を得て世界の女性が相提携し男性の闘争主義を制圧しないかぎり人類の平和と幸福は訪れないことを訴えていた。同記事は、公会堂を埋めた男女聴衆のほとんどが彼女の演説に心をひかれたと記したが、講演が熱気を帯び最高潮に達したとき、「一無名巡査」が中止を命じたと報じていた。

林献堂の日記の同年四月一九日には、午前九時過ぎに陳炘が来たので、北村兼子の招待を依頼したとある。四月二〇日には、昨夜、兼子の講演が数回の注意を受け、のち中止を命じられたと記されている。

台中での講演の翌々日、四月二一日夜に、北村は歓迎してくれた台中の人びとに囲まれ記念写真に収まっていて、その記念写真が現存する。四月二三日には、北村の随筆「台湾ぶら」の最終回が『台湾日日新報』に掲載されたが、このときすでに彼女は台湾を発って香港に向かったあとであった。

香港に上陸すると、そこに来ていた村松梢風が北村を出迎えた。北村は、村松編集の『騒人』四月号執筆の文章に、林攀龍が三月下旬に再度ヨーロッパを訪ねるために日本に来るとの電報を受け取ったと書いている。三月に北村は、再渡欧する林攀龍と会ったのであろう。なお、一月に林献堂家を訪ねた北村と攀龍が親しく漢詩を交わす姿を見た林芙美子は、『改造』三月号掲載の「台湾風景」の中で、二人の連詩の交換は仲々アカヌケタものであつた」と記している。ただし、林芙美子の「台湾風景」の描写は、台湾の人びとの不興をかった。『台湾民報』同月八日付には、早速「林芙美子の『台湾風景』を駁す――改造三月号」が掲載され、「あなたは片方の眼でしか台湾を見ていなかった」、「あなたの描写法」では「台湾そのものが盗人市無頼漢街の寄集つたものだとしか内地の人には思へない」「見た眼だけの旅行記に何の存在価値があらう」「あなたは処々で『土人』なる語を使用されてゐますね」とあり、次のように記されている。

台湾在来の漢民族をさすには、チヤント「本島人」なる語が設けられてゐますから、遠慮なくご使用下さい。「チヤンコロ」だとか「土人」等といつてゐて、やれ内台融和だ、やれ民族和合だ等と騒いだとてそれが何になりませう。本島人だといへば韮《にら》と豚を思ひ出す内地人の御多例に洩れず、あなたも盛んにそれらを羅列して韮臭く油ぎつた本島人を連想せしめやうとなさつてゐられますね。（中略）

「林献堂と云ふ人」「陳中和といふ人」は失礼ではないでせうか?。見知らない人ならいざ知らず少なくとも厄介になつた人だから「氏」の尊称位与へてもよいでせう。これでは宛《まる》で軽蔑したものとしか思はれません。

批判を受けた林芙美子の視野の狭さは、北村兼子以外の婦人文化講演会講師たちにも、多かれ少なかれ共通するところがあった。それだけに、世界の動きを見つめる北村の目の的確さと、視野の広さには驚かされる。『台湾民報』三月二二日付には、北村兼子の新著『新台湾行進曲』の広告が掲載されている。「林献堂氏序文」「林熊徴氏序文」「装丁　藤田嗣治画伯」とあり、「世界人たる著者の尖鋭《せんえい》なる筆端が如何に新興台湾を俎上《そじょう》にせるか？　乞ふその内容に就て見よ!!」と記されている。

陳炘の手紙

北村兼子は香港に二日間滞在したあと、広東に向かって珠江《シュコウ》を遡《さかのぼ》り、中国を南から北に向かって縦断し、各地で要人と会談した。中国の旅を終えた彼女は、一九三〇年九月に一二冊目の著書『地球一蹴』を出版した。

北村が中国縦断の旅にあった五月一六日に、台中の陳炘が彼女宛に手紙を書いていて、「種々御高説を承はり恐悦の至りで御座いました」、「別便で記念写真一葉送上御落手下さい」、「末尾の粗句は決して詩ではない唯其晩の歓迎詩会に赴いた責として無理に廿八文字を列べたに過ぎません、若し多少なりとも歓迎の意味が在れば結構で御座います」と述べて、「婦権論客性天真」「挙島傾心女浪人」と詠んでいた。

陳炘は、北村より一〇歳上の一八九三年（明治二六）一二月生まれ。一九二二年三月に慶応義塾大学卒業後、さらにアメリカに留学し二五年にコロンビア大学経済学部を卒業した。アメリカから台湾に戻った彼は、林献堂らとともに大東信託株式会社を創立し、専務取締役となって手腕を揮っていた。

陳炘の詩の中に、林献堂家の名庭園「莱園」に立つ北村の姿が詠まれているので、このときの詩会は霧峰林家で開かれたのではないかと思われる。ただ、前に記した現存する台中での北村歓迎の折りに、記念写真が、陳炘が送ったものかどうかは不明である。なお、北村は三〇年四月の台湾再訪の折りに、新竹の名望家で詩人の鄭神宝《ていしんぽう》を訪ねている。この時北村に、鄭神宝が贈った墨書が現存する。「北村兼子女史」「敬呈拙作二首」とあり、「男女平権倡自由」「巾幗英雄《きんかく》海外遊」と詠《よ》んでいた。「巾幗」とは女のことであり、「巾幗英雄」は北村兼子を指している。

北村は「自由人」であるとともに、あくまで人類の平等・平和・福祉を求めて活動する決意をかためていた。彼女は「千里を遠しとせずして外遊するのは偏《ひとえ》に婦人の福祉を祈りたい小さな願望」と記したが、それは人類の平和確立に向けての行動の一歩でもあった。すでに述べたように、北村は植民地台湾における社会運動の現況を的確にとらえ、中国の情勢と植民地朝鮮との関連で、「搾取利潤の全滅する時に達せねば反感はやまない」と書いていた。評論「国際婦人平和主義」には、世界の大勢は男女の平等にあり、それを押し広めてやがて「弱国と強国の水平運動」が進行するとも書いた。そして彼女は、次のように記していた。

婦人運動は国の上に立ち、政党政派の外に立ち、階級闘争と離れて行動したい。特に男性争闘主義には成るべく近寄りたくない。なぜならば、婦人の正しい視方《みかた》によつて男性偏倚《へんい》を矯正《きょうせい》するのが唯一の使命であるからである。さやうな微温的な態度で平和を招来することができないといふものもあるが、平和は平和手段によつてのみ求められる。続けて北村は、「資本主義国家の労働革命戦、軍国主義国家の対外侵略戦は、ともに避くべきもの」と記し、「平和を好む婦人でさへ祖国擁護や愛国心によつて動員され、盲目的に破壊事業を援《たす》けた例は多い」とも述べていた。

植民地統治と民族運動の現実に目を向けた北村は、民族自決と民族間の平等を唱えたが、愛国主義の煽動と「左傾運動」の激化は戦争の要因と考えていた。彼女は人間愛と平等の観点から台湾の民族運動に共感を持ったが、激化する東アジアにおける民族運動の「左傾化」には懸念を示していたのである。彼女が林献堂の流れをくむ彭華英・蔡阿信夫妻や陳炘らと親交を結ぶ一方で、「左傾勢力」と一線を画したのはそのためであった。

なお、北村は『新台湾行進曲』の中で、「婦人運動は無産者の階級闘争に結びつけることが最も新らしい戦術となつてゐる」、「これはアウグスト・ベーベルの流れを酌《く》んだものであつて、婦人運動の戦線に就いてゐるものは大ていこの思想を持つてゐるが、私は無産者に与《くみ》してブルジヨア勢力を斥け、ことさらに婦人運動の範囲を狭めることに異議がある」とも記していた。

第六章　台中一中で学んだ人たち

台中第一中学校

台中公園を過ぎて北へ進むと、台中一中がある。自動車が絶え間なく行き交う大通りを横道に入ると、幅十数メートル、高さ数メートルの立派な校門が現われた。校門上部に、左から右へと並ぶ「国立台中第一高級中学」の金文字が、真夏の陽光の中に浮かんでいた。近づくと、校門から見える正面の校舎が、「荘敬樓」と名付けられていることに気付く。その二階と三階の間に深紅の横断幕が掲げられていて、「歓迎創校九二周年」「再創高峰」の文字が記されている。

台中第一高級中学の前身は、戦前の台中第一中学校である。二〇〇七年は、一九一五年（大正四）の創立から数えて九二周年に当たるのである。同校は台湾の名士、林烈堂《れつどう》・林献堂・辜顕栄・蔡蓮舫《れんほう》・林熊徴らの醵金《きょきん》によって建てられた。一万五〇〇〇坪を超える校舎敷地は、林献堂のいとこの林烈堂個人の所有地が寄付された。台湾人子弟の教育を目的として建てられた同校は、台中に設置された最初の中等学校であった。

台中第一中学校（『台湾懐旧』より）

本館や学生寮など校舎全部が完成したのは、一九一七年だった。創立当初は台湾公立台中中学校官制にもとづき公立台中中学校と称し、一九年の台湾公立高等普通学校官制公布に伴い公立台中高等普通学校となった。さらに一九二二年（大正一一）の台湾教育令の改正実施によって、台中州立台中第一中学校と改称した。台湾人子弟の秀才を集め、多くの優れた人材を世に送り出した中学校である。

正門で写真を撮らせてもらったあと、警備の人の許可をもらい校内に入れてもらった。創立当初の校舎は赤煉《れん》瓦《が》のモダンな西洋式建築だったが、それらはすべて建て替えられて今はない。戦前の建物は、一九三八年（昭和一三）に建築された一棟が、「校史館」として今も使われている。「校史館」の正面入り口の右に金属製の説明版が取り付けられていて、「台中一中校史館　旧称第一中学校講堂」とあり、建築上と歴史上の価値が述べられ、台中市政府から文化資産保護法による歴史的建造物として登録されたことが記されている。

「校史館」内部は、前後二つの部屋に区画され、奥の広いスペースが校史資料の展示室となっている。展示室の壁には、台中第一中学校時代の歴代日本人校長の写真が掛けられている。

一九二二年の教育令改正実施のとき、同校が「州立台中中学校」ではなく「州立台中第一中学校」となったのは、この年台中に新しく日本人の中学校が建てられたからである。二つの中学校のうち、どちらに「第一」の名を冠するかについて、植民地統治者の権威を振りかざした横暴があった。総督府が新しい日本人の中学校を「第一」とし、先に建てられた台湾人の中学校に「第二」の名を冠しようとしたのである。

この事件について、台中一中から台北高校をへて東京帝大に進んだ楊基銓は、自叙伝の中に次のように記している。

当時の台中一中の第二代校長・小豆沢英男の知るところとなり、小豆沢校長は現職の去留を賭して毅然と反対し、政府当局に原案を放棄させた。日本統治時代、台北・台南では「第一中学校」と言えばみな日本人の学校を指していたが、台中の第一中学校だけは、台湾人を主とする学校だったのである。

右の文に続いて楊基銓は、「台中一中の『光栄と誇りはここにこそあり!』である。」と記している。

楊基銓とその叔父

楊基銓は、一九三〇年（昭和五）三月に清水《きよみず》公学校を卒業して台中一中に入学し、中学校四年で台北高校に合格し、三四年四月に文科乙類に進んだ。同級生より一年早く、卒業を待たずに超難関の高等学校に進学したのである。

一九三四年の台北高校入学生は一三〇人だった。これが文科甲類と乙類、理科甲類と乙類の四クラスに分かれた。各クラスは三〇人ないし三五人であり、文科乙類の台湾人学生はわずか三人、甲類は七人だった。理科甲類は台湾人が三分の一、乙類はほぼ半々だった。楊基銓は自叙伝に、「日本統治下の植民地で生を享《う》けた台湾青年にとっては、一人ひとりが日本人学生に打ち勝って狭き門に入れた勝利感を持ったものである。事実上、高校生はことごとく選り抜きのエリートで、社会の逸材であった。ことに台湾人学生はそうであったと言っても過言ではない。」と記している。

楊基銓の父楊緒景《ちょけい》は、清水で小型スーパーに似た雑貨店を経営していたが、事業に失敗し家計が傾いた。基銓の中学校時代に、彼の学業継続もむずかしいほどになった。その彼を支えたのは、叔父楊肇嘉《ちょうか》であった。基銓が台中一中四年を終えて台北高校に進学できたのも、さらに東京帝大に進むことができたのも、叔父楊肇嘉の支援があったからである。基銓は、この叔父から経済的援助をうけただけでなく、台湾人の幸福を求めて政治活動に粘り強く取り組む叔父の姿と、その人物の大きさに傾倒し学ぼうとした。

楊肇嘉は一八九二年に清水に生まれ、東京に留学して京華商業学校卒業後台湾に帰り、公学校訓導を経て一九二〇年に清水街長となり、次いで農会評議員や台中州所得税調査委員などの公職に就いた。そして、一九二三年から台湾文化運動に参加して、台湾議会設置請願運動に力を尽くし、二四年には請願委員の一人として上京した。このあと、家族を連れて東京に住居を移し、早稲田大学政治経済科に入り、東京在住の台湾人青年たちの民族運動指導者として活躍した。

清水公学校（『台湾に生を享けて』より）

楊肇嘉が早稲田大学を卒業した一九二九年（昭和四）には、台湾民衆党内部に左右の対立が顕在化していた。林献堂らの信頼を得ていた楊肇嘉は、その意向を受けて翌年台湾に帰り、台中を中心に地方自治運動の組織化のために働いた。

一九三〇年八月一七日午前一〇時から、「台湾地方自治聯盟」の発起人大会が台中市酔月楼で開かれ、午後には発会式が盛大に挙行された。会場には、「完全な地方自治制の確立」「正当なる権利の擁護」「自治精神の発揮」「官選を改め民選と為す」「諮問を改め議決と為す」などの運動目標が掲げられた。台湾における地方政治への、台湾人の民主的参加を合法的に実現させようという

東京帝大時代の楊基銓、前列右から２人目(『台湾に生を享けて』より)

のであった。この運動の中心に楊肇嘉がいた。

楊肇嘉は、発起人大会で開会の辞を述べたあと趣旨説明を行った。発会式では議長に林献堂、副議長に楊肇嘉が選ばれ、会則の審議、評議員及び理事選出が行われ、楊肇嘉は常務理事に選出された。同日夜に記念講演会があり、楊肇嘉は「台湾地方自治聯盟の創立について」と題して演説したが、七人の弁士のうち楊肇嘉を含む三人が途中で中止命令を受けた。

「台湾地方自治聯盟」が結成されて五年後、一九三五年（昭和一〇）一一月二二日に台湾における初めての地方選挙が実施された。台湾総督府の記録には、「地方処女選挙、投票率九割六分」と記されている。

各州と市には民意決議機関（協議会）が設けられた。当時の行政区域五州三庁と、七市三四街三〇三庄にはみな民意機関が設置された。ただし地方選挙が実現したものの、この時の選挙は有権者の資格が独立生計を営む満二五歳以上で五円以上の税金を納める男子で、各級民意機関の半分は官選で半分が選挙という不完全なものだった。ちなみに、一九三五年の国勢調査では、「本島人」と呼ばれた漢民族の台湾人の人口は四八八万二九四五人、「内地人」すなわち台湾在住日本人の人口は二七万五八四人だった。

楊基銓の自叙伝には、「段階的任務を達成」した「台湾地方自治聯盟」は「日本国内外の時局の激烈な変遷もあって、さらに一歩進んだ完全な地方自治実施の要望をするのは困難な情勢」に立ち至り、一九三七年（昭和一二）八月一五日に全島大会席上で解散を宣言したと記している。一九三七年八月には、日本はすでに中国との全面戦争に突入していたのである。

楊肇嘉は三八年初めに、家族を連れて再び東京に移り住んだ。前年四月に東京帝大に進んだ楊基銓にとっては、叔父の家族と東京で親しく交わる機会ができたのだった。

バスケットボール部の秀才

蘇天賞医師は、楊基銓が四年生を終えて台北高校に入った一九三四年に台中一中に入学した。蘇天賞は中学校に入学してから、学生時代を通してバスケットボールの選手だった。すらりと背が高く、がっしりとした体躯《たいく》は、若き日の姿を偲ばせている。運動能力に優れていた天賞は、台中一中時代には野球の選手として試合にかり出されたことがあり、台北帝大医専部では教官に代わって体操の指揮をしたという。中学校時代のバスケットボールの試合で、一度は宿敵台中二中を下し一度は敗れたと、蘇天賞医師は微笑みながら懐かしそうに語った。

蘇天賞は一九二一年（大正一〇）五月五日に台中市大正町（現・成功路）に生まれた。父は蘇仁《そじん》、母は施赤《せしゃ》といい、母は一二人子供を産んだ。男の子が七人、女の子が五人で、男の子のうち三番目と四番目は夭折した。天賞は男で五番目、兄弟姉妹の九番目である。

天賞が生まれる前に、父蘇仁は鹿港《ろっこう》で雑貨商をしていた。鹿港は今はルーガンの名で親しまれる観光地である。レンガ造りの民家が並ぶ町並みが文化遺産として保存され、ルネッサンス様式の旧辜顕栄邸宅は博物館となっている。台湾で最も古いという媽祖廟天后宮は国家第一級古跡に指定されていて、みやげ物店がたち並び、参詣者や観光客が多い。

蘇仁は台中市に移ってから布団を作る仕事を始め、布団屋と雑貨屋を営んだ。一二人の子供を産んだ母は心臓を患っていた。公学校のときに母を亡くした天賞には、自分が医者であったなら治してあげられたのにとの思いがあった。

天賞は、台中市村上公学校から台中第一中学校に進学した。台中一中在学中の校長は、「カメ（亀）」のニックネームを与えられた広松良臣だった。広松校長は、前任者の吉川祐戒が慈悲深い校長だったのとは対照的な権力主義者だった。楊基銓の自叙伝には、幸いなことに広松校長在職中は「一年間しか学校におらず、彼の高圧的なやり方との接触は少なくてすんだ」と記されている。

蘇天賞医師の記憶では、「カメ」校長はもっぱら教練や体操に力を入れて、受験準備のための補習などは一切させなかった。上級学校を目指す台中一中の生徒たちは、東京の受験関連会社か

台中一中全景（林芳媖氏提供）

ら問題集を取り寄せ、添削指導の通信教育を受けていた。その級友たちは、クラスで一番成績が良い天賞に、「この問題は解けるか。」としばしば尋ねた。天賞は学校で解答したり、問題集を借りて帰って自宅で解いた。バスケットボール部の上級生からも、問題の解き方を尋ねられることがあったという。天賞は台中一中卒業の時、定員四〇人の台北帝国大学附属医学専門部を受けてただ一人合格した。一九三九年（昭和一四）のことである。翌年からは、戦争のための医師増員の必要から台北帝大附属医専部の定員が八〇人に増やされ、台中一中の同級生が何人か入ってきた。

台中一中時代に天賞は、二つ下の弟天與《てんよ》といっしょに在郷軍人から銃剣術を習っていた。中学校では配属将校の教練を受け、年に一回または二回、台中州立中等学校四校すなわち台中一中・台中二中・台中商業・台中農業による対抗軍事演習が行われた。弟の天與は、台中一中四年で京都府立医科大学に合格し、終戦後は日本で病院を設立した。

天賞は一九四二年（昭和一七）九月に、台北帝大附属医専

部を卒業した。四一年度には大学・専門学校などの修業年限が三か月短縮され、四二年度からは予科と高校を加え、六か月短縮の繰り上げ卒業が始まったのである。

卒業後天賞は、台中病院外科の研修医となり半年間無給で勤めた。無給の研修医は徴用されることが多かった。天賞も軍の医者として南方に行く予定になっていたが、ちょうど新竹簡易保険診療所に勤めていた台北帝大医専の同級生が沖縄に帰ることになり、「そのあとに来ないか。」ということになって、戦地へ行くのを免れた。大きな町には簡易保険診療所があって、戦争中に宜蘭に応援に行ったりした。そのうち、台中の診療所の所長が日本に帰るのと交替して台中に戻り、しばらくして終戦を迎えた。

終戦後は外科から産婦人科に転じて、台中病院婦産科の代理主任となった。この間に彰化高女から帝国女子医専に進んで産婦人科医となった一歳下の何淑《かしゅく》と結婚した。台中病院勤務中に妻が台中市内で開業し、まもなく病院勤務を退いて三楽《さんらく》医院を夫婦で開業してきた。その後、蘇天賞医師は台中市内でもう一つ台安《たいあん》医院を開業し、こちらは子息が引き継いでいる。

天賞のいちばん上の姉永冶は歯科医となり、ずっと日本で過ごした。二番目の姉涼冶《りょうじ》は医者に嫁ぎ、三番目の姉炭冶《たんじ》は帝国女子医専、四番目の姉応冶《おうじ》は東京女子医専を卒業した。医者だった応冶の夫は、徴用されて南方に行ったが無事に復員した。その後離婚した応冶は、内科と産婦人科の医院を豊原で開業し、次いで高雄で開業したあと日本に移り住んだ。妹乾冶《かんじ》も東京女子医専に進んだが、在学中に終戦を迎えて台湾で医者になった。なお、天賞の長兄天賜《てんし》は父の仕事を継ぎ、二番目の兄天乞《てんきつ》は医学部に合格したが行かずに法政大学に入学した。天乞は台湾に帰って鉄道に勤め、彰化で駅長になった。

台中一中の思い出

李棟梁《りとうりょう》は一九四一年（昭和一六）三月に台中第一中学校を卒業して、同年四月に中央大学専門部法科に入学した。父は漢方医の李徳六《とくろく》、母は陳水治《ちんすいち》といった。一九二二年（大正一一）二月二八日に台中州南投郡中寮庄《ちゅうりょう》一六三番地、現在の南投県中寮に生まれた。一人息子で、姉が五人、妹が六人いた。家庭は裕福だった。

七歳の時に中寮庄の隣の龍眼林《りゅうがん》公学校に入り、卒業後一年浪人して一九三六年（昭和一一）四月に台中一中に入った。田舎の公学校からは、よほど優秀でも競争の激しい台中一中に入るのはなかなかむずかしかったのである。南投と台中の間には、製糖会社が建設した軌道はあったが、さとうきび運搬用の速度の遅い貨車が走っていただけでバスもなく、通学は不可能なので李棟梁は学寮に入った。

台中一中には、とてもいい先生が揃《そろ》っていた。ほとんどが広島高師、東京高師出身の先生であった。京都帝大出身の先生もいた。英語の清水襄先生のあだ名は「お嬢さん」、とてもいい先生だった。江崎教諭は体操の先生で、生徒より五つか六つ上の若い先生だった。人格的に尊敬できる先生が何人もいたが、台北帝大出身の英語の小倉教諭は、なにかというと殴るいやな先生だった。台湾総督府の一九三七年の記録には、州立台中第一中学校の教諭に「清水襄　愛媛」「陸軍歩兵少尉　正八　江崎哲二郎　福岡」「小倉皐《たかし》　北海道」の名がみえる。

毎年の行事として、日本精神を称えるための弁論大会があった。三年生の時、級長だったので選び出された。公学校の先生は、「桜が散るような」と表現したり、「爆弾三勇士」を取り上げたりして、しばしば日本精神を説いたが、実際のところよくわからなかった。それで「日本精神」を「一中精神」に切り替えることにして、四年生五年生の批判を述べることにした。下書きを清水襄先生に見せると、「そんなことやめなさい。」「書き換えなさい。」と指導されて、言わせてもらえなかった。清水先生としては、「日本精神」を「一中精神」に変えたことよりも、上級生から睨《にら》まれてあとで困るだろうとの配慮だった。「お嬢さん」は、そういう優しい先生だった。

台湾人有力者によって建てられた台中一中は、台湾人生徒がほとんどを占めたが、若干名の日本人生徒も入学させる措置がとられていた。李棟梁が入学する数年前には、日本人生徒と台湾人生徒が喧嘩して、刃物でけが人がでる事件があった。一九三一年、吉川祐戒校長在任のときであった。吉川校長はその責任をとって、台中一中校長の職を離れなければならなかった。

それよりさらに数年前、一九二〇年代半ばの下村虎六郎校長在任時代には、台湾人生徒と日本人生徒の深刻な衝突があり、台湾人生徒の大ストライキが発生した。この事件のことはのちのちまで、台湾人生徒の間に語り継がれたようである。

李棟梁の聞いた話によると、飯の中に鼠の糞が入っていたのが発端で、学寮生がストライキを起こした。学寮生はその夜、家へ帰ってしまった。その時の賄いは日本人だったが、そのことがあって、賄いはみんな台湾人に替えられたというものである。

事実の詳細は別として、学生寮の炊事問題、食事問題が台湾人生徒の民族意識を大いに掻《か》き立て、ストライキへと発展したのは事実であった。日本人生徒の優越感に対する台湾人生徒の不満が増大していたことなど、楊基銓の自叙伝もこのときの事件について記している。

李棟梁の記憶によると、気骨のある台湾人生徒が学ぶ台中一中は、台湾総督府の文教担当者から見れば、思想的に悪い学校と見なされていたという。そこで、嘉義高等女学校から広松良臣という日本精神の権化みたいな校長が赴任して、台中一中の生徒に日本精神を叩き込むことになったという噂だった。広松校長はある生徒の操行が丙になると、その生徒の教練・公民・国語・武道といった日本精神と関連した科目をみな丙にするという理不尽なやり方をした。四年生のとき、一級上の生徒が広松校長の教育方針のもとに退学になったことがあった。その生徒は日本内地の、ある中学校の五年に編入して卒業したという。なお、一九三七年の台湾総督府の記録には、台中第一中学校の校長として、「正五位勲四等広松良臣《よしおみ》（熊本）」と記されている。

ニックネーム「カメ（亀）」の広松校長は、一年生の第一週目の修身の時間に必ず訓話をし、同じ話を毎年繰り返した。生徒は、「カメ校長の三大訓辞」と言っていた。この校長は落書きを特にきびしく追及し、見つけ出して退学にすると息巻いていた。それでも、武道館の壁や便所の落書きは止まなかった。「くそが落ちるとはニュートンも知らなかった。」というのは、中学生らしい傑作な落書きだった。

広松校長は、成績が悪くて台中二中に入ることができないような日本人生徒を、台湾人の優秀な生徒を選りすぐった台中一中に、特別に入れていた。だから、落第するのは日本人ばかり。日本人生徒は虚勢を張って「チャンコロ」などという差別語を吐いたが、彼らは勉強しないし成績も悪かったので、台湾人生徒からは馬鹿にされていた。そんなことで、両者の間でよく喧嘩が起きた。

台中一中の全校生徒は、当時七〇〇人ぐらいだった。下宿している生徒もいたが、学寮生の方が多くて、二〇〇人から二五〇人いた。中学校を卒業して台湾島内で上級学校に進学するのは、非常にむずかしかった。台湾島内で進学できる上級学校はごく限られていて、台北高等学校・台南高等工業学校・台北高等商業学校・台北帝大附属医専部・台北帝大附属農林専門部（四三年に台中高等農林学校）の五校しかなかった。しかも、台湾人学生の入学比率が決められていた。日本にはたくさんの上級学校があり、選択の幅は大きかった。だから、日本で高等学校や官立私立の専門学校、公私立大学の予科や専門部へと進む人たちの方がはるかに多かったのである。

母のこと、父と兄のこと

一九四一年（昭和一六）四月に中央大学専門部法科に入学した李棟梁は、在学中に学徒動員のための検査を受けたことがあった。中学校の時、肋膜を患ったことがあり、検査当日は風邪を引いていたこともあって、学徒動員を免れた。食糧事情は入学当時はまだよかったが、卒業のころにはかなり悪化していた。腹が減ってしかたなかったというのが当時の思い出である。

四三年九月に卒業して、軍需工場の下請け会社に勤めた。戦車の部品を作っている工場で、事務系統の仕事をしていた。翌年、鹿児島で乗船して台湾に帰った。台湾に帰ると、食べ物は豊富だった。帰ると母親が、キャッサバの塊根のタピオカ澱粉《でんぷん》で餅《もち》を作ってくれた。砂糖を入れて煎《い》ってくれた。世の中にこんなにうまいものがあったかと思った。あの時の母の味は忘れられないという。戦後李棟梁は、南投県政府の国税局に勤めた。

李棟梁と同じ台中一中出身の楊喜松《ようきしょう》医師は、一九二一年（大正一〇）九月二四日、台中州東《とう》清《せい》郡東清庄の生まれである。台中一中から、台北帝国大学附属医学専門部に入った。一九四三年九月に繰上げ卒業し、母校の耳鼻科教室に入り、台北赤十字病院に勤めた。

父は楊元嵩《げんすう》、母は羅科妹《らかまい》といった。先祖は客家《はっか》である。祖父は、東清のタイヤル族の居住地で開拓して地主になった。父楊元嵩は、明治期に公学校をへて台北国語学校に学び、台中の警官訓練所に入って巡査になった。当時警察は、隘勇《あいゆう》線を一週間に一度巡視しなければならなかった。隘勇線とは、抵抗を続ける山地内の原住民を包囲するため、総督府が設定した警戒線のことである。楊元嵩がたまたま用があって他の巡査と巡視当番を代わってもらったその日に、巡視隊は全員「生蕃」に首を刈られて殺された。事件後巡査を辞めた父元嵩は製糖業に投資したが、会社が倒れたため負債をかかえ財産をなくした。

楊喜松の兄作霖《さくりん》は、公学校四年の時に試験を受けて小学校に転校し、台中二中から台北医学専門学校に進み、卒業後開業した。喜松は七歳で東清公学校に入学し、兄と同様四年生の時に小学校への転校試験に合格したが、公学校の校長から転校を止められ、東清公学校を卒業して台中一中に進学した。父の事業の失敗で上級学校への進学は経済的にきびしかったが、医院を開業した兄が学資を出して支援してくれた。

楊喜松は台北帝大附属医専部卒業後、台北赤十字病院に勤めたので、戦地に行かなくてもよかった。赤十字病院は、病院全体が陸軍病院になっていて、すでに軍属になっていたから改めて徴用されることはなかった。台北帝大の大学病院の医者は徴用されなかったが、医学専門部附属病院からはかなり徴用された。軍属だけど、少尉待遇だった。楊喜松の同級生の中には徴用されて戦死した医者がいた。台北帝大へ行った人の中には、軍医少尉で召集されて戦地に行った医者がいた。

第七章　日本から満州へ

美しい海岸線

二〇〇六年一二月二九日の朝、私は台北地下鉄で終点淡水駅に向かっていた。バッグの中には、一一月下旬に日本で受け取った林恩魁《りんおんかい》医師の手紙が入っていた。「双手をあげてお待ちしております。」と、うれしい言葉が記されていた。

淡水駅からタクシーで、北に向かって三芝郷《さんしごう》を目指す。三芝郷は台湾島の北端に近い。数キロ先の岬《みさき》富貴角《ふうきかく》には燈台がある。その北は東シナ海、西には台湾海峡が横たわっている。淡い緑の草原の向こうに、蒼《あお》い海がキラキラと輝いていた。三芝郷から見える海岸線は、北海岸国家風景区に指定されている。

若き日に林恩魁医師は、国民党政権下の「特務」に連れ去られ、太平洋側南部の台東《たいとう》の沖に浮かぶ火焼島《かしょうとう》に抑留された。監獄島と呼ばれた火焼島は、今は緑島《りょくとう》という。罪無くして七年間もつながれた監獄島から見た太平洋も、このように光っていただろうかと思いつつ林恩魁医師を訪

台南二中時代の林恩魁。台南公園で妹たちと共に、1939年（林恩魁『我按呢行過変動的時代』より）

ねた。

背広にネクタイ姿の林医師に出迎えられ、初対面の挨拶をする。八四歳とは思えないほど、がっしりとした体格である。物言いは柔らかく、丁寧に含めるような話し方である。

林恩魁医師は、一九二二年（大正一一）二月一日に台南に生まれた。父は林朝和《りんちょうわ》、母は王雀《おうじゃく》といった。父朝和は結婚後、インドネシアのバタビア（現在のジャカルタ）に行って、ワイシャツとか萱《かや》製品などを作って売っていた。朝和の兄が先にバタビアに渡り、「こちらでの商売はとてもいいよ。」と言って、弟を呼び寄せたのである。

母雀は台南病院の産婆学校に通っていた。産婆免許を取得したのち、六歳の恩魁をつれて夫が待つインドネシアに渡った。バタビアで母は産婆の仕事をした。台湾からの渡航者は日本籍だから、日本人として扱われた。恩魁は日本領事館の小学校に入学した。全校生徒二〇人ほどで、一年から六年までのクラスがあった。恩魁の学年は四人、女の子二人、男の子二人だった。

四年生の時、父の友達に連れられて台湾に帰り、台南の南門小学校に転校した。もちろん日本語はとても上手で、台湾に帰っても小学校に入ることができた。台南では、祖母の親戚で公学校の教員をしていた黄金塗《こうきんと》の家に預けられた。この時から恩魁は、父母や兄弟姉妹といっしょに暮らすことはなかった。

一九三五年（昭和一〇）に南門小学校を卒業した恩魁は、台南第二中学校に入った。中学校では二年間学寮生活を送ったが、三年生の時から下宿した。

一六歳の時、母が亡くなった。その時母は三五歳、恩魁の下に女の子が四人、男の子が三人いた。母が死んだ時、いちばん下の弟はまだ九か月だった。父は乳飲み子を除く六人の子供を友達に頼んで台湾に帰し、自分の兄の家に預けた。恩魁が中学五年に進級するころだった。

台南二中から浦和高校へ

恩魁は、中学校卒業後はどうしても日本に行きたかった。台湾が嫌いだった。台湾は植民地であり、台湾では台湾人が差別待遇になる。日本人は台湾人よりも優遇される。何か事件を起こした場合、台湾人はいじめられる。そういうことを感じて台湾にはいたくなかった。

台南には一中と二中があって、生徒がしょっちゅう喧嘩《けんか》した。そのたびに、台南二中の校長は、「あんたたち問題を起こさないように。台南一中の校長に謝らなければならないから。」と言う。台南二中は台湾人の学校だから、日本人の学校の台南一中に、理屈なしに謝らなければならないというのである。台湾は植民地だから、管理法がちがう。同じ罪を犯した場合でも、台湾人に対する警察の態度が違う。それがとても嫌《いや》で、台湾を離れて日本へ行くという決心をした。

台南二中の二年生の時に、恩魁は台南長老教会で洗礼を受けた。親と離れて一人暮らす彼にとって、クリスチャンになったことは、自らの勝手気ままを律して、良い人生を歩むための大きな変化となった。

中学校五年の時、すぐ下の妹雅雅《がが》は花園小学校六年生で、女学校受験を控えていた。バタビアの領事館の小学校に通っていた妹には、受験のための補習が必要だった。恩魁は兄としての責任を感じ、伯父の家に通って妹の勉強を見た。一年間の補習の効果があって、妹の雅雅は台南第二高女に合格した。恩魁は安心して台湾を離れた。

日本では、本当に待遇が良かった。東京に住んでみると、日本人が台湾のことをあまり知らないことがわかった。高等学校へ入った時、「台湾ってどこ。」と尋ねられたことがあった。台湾に対する認識がないから、台湾に対する差別もわからない。むしろ、台湾からよく来たと言って、歓迎された。中学時代に思い描いたように、日本での生活はよかった。

浪人一年で浦和高校（旧制、現在の埼玉大学の前身校の一つ）に入った。東京杉並区馬橋で下宿していた。旅順工科大学にも合格したが、浦和高校を選んだ。一九四一年（昭和一六）四月の入学である。高等学校では学寮生活だった。いい帽子でもわざわざ穴をあけて、ズボンにタオルをぶら下げて下駄履きで歩いた。そういうことをするのがとても楽しかった。

高等学校に入ると、フットボール部とか、柔道部とか、剣道部、ホッケー部、水泳部などがあって、どこかに入らないといけない。恩魁は中学時代と同じ柔道部に入った。柔道で鍛えた精神、ファイト、負けじ魂を、その後の人生でも大切にしてきた。

台南二中に入学して学寮に入った時、夜の歓迎会の席で、学寮生の会「だるま会」の意義を先生が話してくれた。「社会へ出ると、だるまにならないといけない。転んでも起き上がる精神がないといけない。」と講演してくれた。柔道でさらにそれを学んだ。決して失望してはいけない。そういう精神があれば倒れないし、むしろ楽しいという信念を恩魁は培った。高校時代の柔道会は「無心会」といい、今も毎年東大の学士会館で開いている。

恩魁の得意技は、寝技。耳に、柔道部に入った時のお土産が残っている。充血したまま放置しておくと、固くなるのである。柔道で鍛えた身体であることは、現在も一目でうかがえる。恩魁は当時の日本の教育に対し、尊敬の念を抱いているという。

東京帝大医学部へ

高等学校は三年制だけれど、六か月短縮になっていたので二年半で卒業して、四三年九月に東京帝国大学医学部医科に入った。一時、台湾からお金が送られて来なくなって困ったことがあった。二〇歳になると、煙草の配給がもらえる。銘柄は光《ひかり》で五箱、一箱一二銭だから五箱で六〇銭だった。闇で売ると一二銭が一二円になった。

幹部候補生になると、五〇円もらえた。幹部候補生は、卒業すると軍医にならないといけない。恩魁は幹部候補生になった。東大の医学部の学生は優遇されていて、軍需工場へ行く必要がない。将来の日本の医学を担うから、そういう所へ行くと危ないからということだった。

ただ、東大在学時代には、今も忘れられない嫌な出来事が一つあった。一高から東大医学部に入った劉 沼光《りゅうしょうこう》と二人で、東京の街中を歩いている時のことだった。派出所の前を通った時、「学生さん、ちょっと。」と呼ばれた。「学生証を見せてください。」と言うので差し出すと、最初の言葉が「おっ、なんだ、台湾人か。」だった。「ここは大稲埕《だいとうてい》じゃないんだよ。」「よし中へ入れ。」と言われて二人で派出所の中に入ると、警察官四、五人がいきなり殴りかかってきた。恩魁は手と腕で頭と顔をかばったので歯を折られなかったが、劉沼光は歯をやられた。大稲埕は今はもうほとんど廃れているけれど、昔は台北でいちばん賑やかな町だった。あの警察官は大稲埕を知っていたから、台湾で警察やっていたに違いないと、恩魁は確信している。戦争のためにみんなが一生懸命にやっているのに、学生がぶらぶらと街中を歩いているのが気に食わなかったのだろう。呼び止めてみると、以前から偏見をいだいていた台湾人だったので、暴行に及んだものと林恩魁は推測しているのである。

東京帝大医学部医科には、林恩魁と同学年の台湾人が劉沼光のほかに二人いた。一人は第二高等学校（仙台）から、一人は山口高校から進学していた。当時、学生の地位は高かった。警察が理由なく学生に暴力をふるったことを、大学に報告することもできたけれど報告はしなかった。嫌な気持ちだけがいつまでも残った。

東京で二回空襲に遭った。一回目は四五年三月の大空襲で、その時は本郷にいた。二回目は五月二五日で、新大久保にいた。下宿先の家族は軽井沢に疎開していた。五〇歳ぐらいの下宿の主人と二人で逃げた。他の人のあとについて走り、建物疎開で広くなっていた東中野の駅前で一夜を明かした。翌日戻ると、家はみんな焼かれていて、鉄筋コンクリートの門だけが残っていた。飲む水もない、もちろん食べ物もなかった。東中野から上野駅まで歩き、軽井沢に行くことにした。道端に死体が転がっていた。焼かれると男女の区別がつかないが、母親らしい遺体と子供の遺体が同じ方向に伏していた。

この空襲のあと、六月に満州に行った。米軍が上陸して来ることはわかっていたので、無理をして満州に行くことにした。新京（長春）に台南二中でクラスメートだった翁通楹《おうつうえい》がいたので、彼を訪ねることにした。

終戦、そして苦難

翁通楹は台北高校から京都帝国大学工学部へ進み、すでに京大を卒業していた。林恩魁は、一週間ほど新京の衛生研究所の研究員になって給金をもらった。
終戦後、翁通楹と二人で牛肉を煮て乾かし、それをほぐして売っていた。満州では日本人が憎まれていたので、日本人とは離れて行動した。台湾へは、一九四五年一二月に帰った。アメリカの船で青島《チンタオ》から上海へ、上海から高雄へ帰って来た。

帰った時には、父親がインドネシアから戻っていて、台南の田舎の方に住んでいた。恩魁は、翌年台湾大学に編入したが一年遅れたため、四八年に台湾大学医学院を卒業し、同年一〇月に妹雅雅の高女時代の上級生高雪貞《こうせってい》と結婚した。雪貞の父は高雄県岡山で開業する内科医で、母方の叔父は高雄病院の副院長だった。恩魁は一年半ほど高雄病院に外科医として勤めたあと、高雄県旗山《きざん》の旗山病院に移った。

旗山病院の外科医だった一九五〇年一〇月に、「特務」に襲われて拷問をうけ、七年間火焼島に送られた。二二八《ににはち》事件後の、いわゆる「白色テロ」の犠牲となったのである。

その日、林恩魁医師は旗山病院の診察室にいた。病院の雑用係の職員が、「警察の人が先生に会いたいそうです。」と伝えに来た。出てみると、「身分証を見せて下さい。」と言う。病院の敷地内にあった宿舎に戻って身分証を取って来ると、「間違いない。」と確かめて、「ちょっと話したいことがあるから、警察局まで来てくれ。すぐに帰しますから。」と言われて連行された。

警察局へ行くと、二〇人ほどの名前が並んでいる名簿を見せられた。「この中に知っとる人はいないかね。」と言われたが、知っている人は一人もいなかった。「そうか。」と言って、今度は高雄県鳳山《ほうざん》の警察局本部にジープで連れて行かれた。幼子を抱いた妻の雪貞と旗山病院の院長が、心配して鳳山までついてきた。鳳山までの一時間、一歳の娘は泣き続けだった。警察局本部に着くと、妻と病院長は帰された。

林恩魁は、鳳山の警察局本部の留置場に入れられた。そこに一週間留め置かれたあと、台北の警備司令部に移されて監獄に入れられた。「準備していましたよ。ここが特に痛いんです。」と言って、林恩魁医師は臑《すね》を指し示した。「重いもので押してね。そういう道具を準備していたんです。」と言う。

警備司令部から、さらに二、三か所へ連れて行かれ、火燃島へ送られた時には裁判は終わっていた。裁判などといっても、もちろん弁護士も付けない「彼らの勝手な裁判」だった。

火燃島へ送られると分かった時、林恩魁は助かったと思った。銃殺される者は、火燃島へは行かないからである。たくさんの人たちが銃殺され、二五年、一五年、一〇年と刑が決められた。三四年もの刑に処せられた人もいるという。

林恩魁医師は、共産主義とは何の関わりもなかった。ただ、終戦後に統治者となった国民党政権による二二八事件の虐殺と、台湾人への圧迫に対する強い抗議の熱情は持っていた。台湾のあちこちに、台湾人の自由と幸福を求める小さな集まりが、「読書会」などの名でできていた。共産主義者の摘発に名を借りて、優秀で立派な多くの台湾人を殺し、罪無き庶民を獄に繋ぎ、あるいは銃殺した戒厳令下の独裁政権を、林恩魁医師は許すことができないと語る。

七年間の抑留生活から解かれたあとのことについて、林恩魁医師は、「私は医者だからね、まだよかった。自分で開業してなんとか生活には困らないけれど、他の人は勤めに行くところがなくて大変でしたよ。誰も雇いきれないのです。気の毒でした。」と言う。そして、「人間万事塞翁が馬ですね。火燃島で私は労働者になり、兵隊のような訓練を受けた。兵隊が監視する中を、港から米や豚を担いで運ぶんです。重いですよ。七年間鍛えられて私の身体は非常に健康になった。」と軽やかに笑う。

病院からいきなり連れ去られた時のことなど、まことに重い事実を淡々と語ったあと、林恩魁医師は話を再び学生時代に戻し、次のように付け加えた。

東京で警察に殴られたことで、日本への印象を悪くしたけれど、私は小学校から中学校、さらに高等学校から大学まで、全部日本教育なんです。日本は私にとって育ての親。産みの親は台湾。台湾の人たちは、みんな日本が育ててくれたと思っている。育ての親ゆえに感情が厚いんですよ。それなのに、日本は台湾を相手にしない。日本には日本の立場があり、中国という国が後ろに構えているからかもしれないけれど、あまりにも情けない。

林恩魁医師は、七年間の火焼島での苛酷な抑留の日々から解放されたのち、高雄市蔡外科副院長を務め、一九六一年に岡山鎮において岡山林外科診所を開業した。一九九六年には、台湾語訳の聖書『台語漢字聖経』を刊行した。

台北板橋を訪ねる

沈鄭秋桔《しんていしゅうきつ》医師の住いは、台北県板橋市にある。丁寧な返事はもらったものの、電話番号がわからなかった。台中と台南で調査を終え、高速鉄道で台北に着いたのは二〇〇七年三月一六日だった。住所を頼りに自宅を訪ねるかどうかホテルで一晩考えたすえ、私は意を決して翌日朝から板橋に向かった。

目当ての住居表示は見つけたものの表札はない。思い切ってビルの外のインターホンを押してみた。すると、三階の窓から男性と女性が交互に顔を出す。下から「沈鄭秋桔先生はいらっしゃいますか。」と尋ねて、私の名を告げると、「あなた、ご本人なの。」と上から返事が返ってきて、門扉を開けてもらった。

いろいろ言い訳しながら、突然訪問したことの失礼を詫びると、「驚きましたよ。」と言いながら、とてもあたたかく迎えられた。話を聞いているうちにどんどん時間が過ぎて、結局昼食を用意してもらい、恐縮して辞去したのは三時過ぎになっていた。

沈鄭秋桔医師は、一九二二年（大正一一）一月一八日に新竹市北門町に生まれた。新竹の鄭家といえば、名の通った家柄であり、秋桔の子供のころには大地主の祖父が一家の采配を振るっていた。父は鄭邦基《ほうき》、母は林銭《りんせん》。鄭家の男性の名前には邦の字を入れる慣わしになっていたので、父は邦の字を略して鄭基《ていき》と呼ばれていた。

鄭邦基は大東信託に勤めて竹南《ちくなん》の支店長だったこともあるが、秋桔が公学校に上がるころには、北門町の実家に帰っていた。小作料で生活する鄭家の家族は、他から収入を得る必要はなかったのである。次男だった邦基の家族は、長男の家族、三男の家族と同じ屋敷地に住んでいた。

鄭邦基は地域の台湾人の間に人望があり、日本人では金融方面や警察方面に顔が広かった。何か事があると、町の人たちが邦基を頼って相談に来た。当時は町の道路側に洗い物を干してはいけないことになっていたし、家禽を放してはいけないことになっていた。

警察が回ると時折り干し物が見つかり、放し飼いの家禽が見つかる。見つかれば罰金を取られるので、取らないように言ってほしいと頼みに来た。そのたびに、邦基は派出所に行って、重い違反じゃないからと理解を求めたという。

新竹女子公学校

一月生まれの秋桔は、一年遅れて七歳で新竹女子公学校に入った。公学校時代で忘れられないのは、五、六年生の担任だった片山先生のことである。優しい女の先生だった。片山先生は、子供たちをとても可愛がった。「何々さん、これをしてね。」と頼まれるだけで、だれもが先生に可愛がられていると感じた。

秋桔は運動場に植えてある花を取ってきて花瓶に挿すように頼まれたので、花瓶に水を入れて挿した。すると先生は、「見てごらん秋桔さんはとても気が利いている。水を入れて挿してくれた。」と褒めた。花瓶に水を入れるのはあたりまえだが、ちょっとしたことでも子供を褒めた先生のことは、今思い出しても気持ちがいい。

片山先生の家は、新竹の西門《せいもん》にあった。日本式の住居で、両親といっしょに住んでいた。熱心だった片山先生は、高等女学校を受験する子供たちを自宅に呼んで教えた。もちろんお礼を受け取ることなどしなかった。学校が終わって晩ご飯が済んだあと、受験を控えた五、六人が先生の家へ行って教えてもらった。片山先生の母親は、教育熱心な娘を大事にしていて、勉強に来た子供たちにはいつもお茶とお菓子を出した。

秋桔には時折り遊びたい気持ちが頭をもたげて、一、二度エスケープして先生の家での勉強に行かなかったことがあった。すると先生は、秋桔を泣いて叱った。秋桔はそんな先生に感動して、その後はまじめに勉強した。

受験の日には生徒が緊張するより、先生の方が緊張していた。試験場を出るなり、「どうだった。どうだった。」と、受験した子供たちに尋ねた。秋桔は円周を求める算術の問題で、単位をメートルで答えるべきところをセンチで書いてしまった。それを知った片山先生は、自分のことのように心配した。合格発表の時、秋桔の名前が出ていて、先生は本当に喜んでくれた。

秋桔は公学校で、クラスの一、二番を争うような位置にはいなかった。彼女は、経済的に恵まれず進学できなかった優秀なクラスメートのことを、今でも惜しいなと思うことがある。家の仕事を手伝い、学校を出て女工になった級友のことを思い出すのである。

卒業式には、市長賞・校長賞・優良賞・佳良賞などの表彰があった。秋桔は佳良賞をもらうことになり、その代表に選ばれた。片山先生の推薦で予行の時は代表だったのに、卒業式当日には代表が他の児童に替えられていた。彼女は子供心にショックを受けた。林朝娥《りんちょうが》という男の先生が、自分の推薦する児童に強引に替えてしまったとのことだった。担任の片山先生は、そのことで争おうとはしなかった。あまり人と争わない、これは日本人の長所でもあるが、欠点でもあると沈鄭秋桔医師は思っている。

一人っ子だった片山先生は、終戦後日本に帰ってからも結婚しなかったようである。その後ずっと片山先生と文通していた女学校の同窓生がいて、何年か前に亡くなったと聞いた。当時、二十幾つの、まじめないい先生だった。台湾総督府の一九三四年(昭和九)の記録には、新竹女子公学校訓導に「片山とき　三重」と「林朝娥　新竹」の名がみえる。

高女での出来事

一九三五年に、鄭秋桔は新竹高等女学校に入学した。学年ごとに二クラスずつあって、進学する組は数学や英語に重きをおき、受験しない組は裁縫や料理などの教科に比重がかけられていた。秋桔は裁縫や料理はあまり得意ではなかった。作法の授業だけは、受験する組にも受験しない組にも必ずあった。

国民とか民族とかが違っても、守らなければならないことが必ずある。礼儀を知ることはとても大切であると、今も沈鄭秋桔医師は思っている。当時の日本については、とかく批判されることはあるが、あの時の日本の教育は良い悪いがはっきりしていて良かったという。作法の津田勝野先生には、きびしいというよりも優しさを感じた。音楽の八田先生は女の先生、英語の渡辺松二郎先生、そして江頭先生、皆いい先生だった。

だが、女学校では、日本人に対する認識が変わるような出来事があった。公学校の時は、台湾人とか、日本人とか考えることもなかった。公学校の級友はみんな台湾人の子供であり、日本人の子供は小学校で学んでいた。

女学校三年生の時、秋桔は虫垂炎にかかり新竹病院で手術を受けた。執刀したのは日本人医師で、一か月ほど入院した。退院後足に力が入らず、術後も十分ではなかったけれど、薬を携帯して日本への修学旅行に参加した。秋桔としては、修学旅行の機会を逃したくはなかったのである。三年生から四年生に上がる三八年の春のことだった。

旅行から帰ったあとも、秋桔の体調は良くなかった。日中戦争が始まってから、新竹高女では、武運長久祈願で町外れの新竹神社への参拝が行われていた。秋桔が参拝に行かなかったことを、国語担当の安田教諭が知っていた。彼はそれを咎《とが》めて、「支那人だ、チャンコロだ、支那へ帰れ。」と罵《ののし》った。その時秋桔は、「私は支那人ではありません。」と泣いて言ったという。公学校から日本教育を叩き込まれた彼女の頭には、「支那」も何もなかった。漢民族だけれど、私は日本人だと、秋桔はそのつもりだったのである。病後で体調不良であることを知っていれば、あんな叱り方をしなくてもよかったものをと、いまだにあの時の嫌な気持ちを思い出す。その安田先生も、もう亡くなったらしい。

台湾人生徒は、成績がいくら良くても級長には任命されなかった。新竹高女では、秋桔たちの卒業まぎわに、同級生の楊詠雪《ようえいせつ》が初めて級長を命じられた。秋桔たちは、新竹高等女学校の第一二回卒業生である。二〇〇一年刊の新竹高女同窓会『会員名簿』には、「卒業名簿　第一二回卒業生」として、日本人七九人（うち物故者二〇人）、台湾人二九人（うち物故者一二人）の氏名が記されている。

女子医専、結婚、満州

一九三九年（昭和一四）三月末、鄭秋桔は東京女子医学専門学校受験のため、同級生の王蘭招と二人で東京に向かった。父邦基は台中一中を卒業していて、娘の教育には理解があったが、秋桔が東京への進学を希望した時にはためらった。東京女子医専への進学は、台北医学校を卒業した伯父の鄭邦栄《ほうえい》の口添えで邦基も納得した。そのころ、邦基の又いとこの娘二人が東京女子医専に進学していて、一人はすでに母校の医局に入り、一人は本科四年に在学していた。

娘を東京にやるのを渋っていたものの、父邦基は合格がよほどうれしかったらしく、入学式に一人で東京に来てくれた。その時に父は風邪を引いて、それから喘息になってしまった。沈鄭秋桔医師は、「私は親不孝な子ですよ。」と、愛情深かった父のことを回想した。

東京女子医専では、勉強、勉強の日々を過ごした。内科の今村先生の講義が印象深かった。休みには、同部屋の人と映画を見に行ったりした。新宿に近い武蔵館では、封切り映画は見られなかった。再上映のアメリカ映画とフランス映画が多く、イタリア映画もあった。

東京女子医専在学中の一九四三年（昭和一八）三月三一日、二一歳の時に一歳上の沈峋煌《しんじゅんこう》と結婚した。友人の紹介だった。沈峋煌は前年に日本大学専門部拓殖経済科を卒業し、中央大学法科研究部で憲法を学んでいた。日大専門部を卒業して中央大に学んだのは、軍隊に特別志願させられるのを避けるためだった。日大在学中から、卒業後には特別志願するようにと、台湾の郷里の方からやかましく言われていたのであった。

沈峋煌は一九二一年（大正一〇）二月八日に新営《しんえい》（現・台南県新営）の地主の家に生まれた。父は沈和尚《わしょう》、母は林咱《りんさ》といった。新営公学校高等科卒業後台南の南英《なんえい》中学校に入ったが、三年制の中学だったので三年生の一学期を終えたあと東京阿佐ヶ谷の帝京中学校に転校した。兄の沈峋嶙《じゅんりん》が台中二中を卒業して東京医専に進み、すでに結婚して渋谷に住んでいた。兄嫁は昭和女子薬専の学生だった。峋煌は兄夫婦の家から中学校に通った。

結婚後、秋桔と峋煌の二人は中野高円寺のアパート平和荘でしばらく新婚生活を営んだが、まもなく峋煌は東京に支店があった「中支那新興株式会社」の代理課長の職に応募して大陸に渡った。同社は安徽《あんき》省の淮南《じゅんなん》炭鉱を経営する「日支合作会社」だった。峋煌は関釜連絡船で釜山へ、汽車で安東を越して北京へ、そして上海にあった本社を経て安徽省に赴任した。

秋桔は東京女子医専の寄宿舎に戻って、一九四四年九月に卒業した。九月末に、彼女は下関から釜山へ、朝鮮半島を汽車で北京まで行った。大陸に行くにあたって、秋桔は何度か特高の調べを受けて、ようやく渡航許可をもらうことができた。

北京の同仁会病院には、秋桔のいとこの嫁ぎ先の妹が勤めていた。同じ東京女子医専の卒業生だった。その縁でちょうど欠員のあった耳鼻咽喉科に勤めることができた。同仁会病院は日本の病院で、耳鼻咽喉科の主任は吉田といった。

秋桔を迎えるために北京に戻った岣煌は、会社を辞めて「新民会」という情報機関で翻訳の仕事をした。中国語を日本語に、日本語を中国語に翻訳した。いろんな種類の文章を翻訳したが、忘れられないのは蔣介石の「中国の運命」という著作である。

終戦後、第十一戦区司令長官の接収委員会の翻訳組に入って、経済関係文書の翻訳に携わった。秋桔は終戦前に、同仁会病院から開発病院に職場が替わっていた。終戦後、開発病院は中国軍に接収され、北京市立第二病院と名称が変わった。終戦の翌年、岣煌と秋桔は、青島から「救済総署」の船に乗って基隆に帰った。

教員として、医者として、それぞれ長く台湾社会で活躍してきた夫妻は、今は台北で穏やかな生活を送っている。

第八章　戦争の記憶と体験

台中学徒兵

林垂訓《りんすいくん》は、一九二五年（大正一四）九月一〇日に台中霧峰に生まれた。父は林烈堂の弟の林澄堂《ちょうどう》である。林献堂は澄堂のいとこにあたるが、林垂訓は「おじさん」と呼んでいる。父澄堂は垂訓が四歳のときに亡くなっていて、林垂訓と鄭順娘《ていじゅんろう》が戦後結婚したときには、林献堂が親代わりとなった。

一九三二年（昭和七）に、林垂訓は霧峰公学校に入学した。公学校時代の訓導は、師範学校を出た台湾人の先生が多かった。台湾人訓導も、子供が言うことを聞かないとよく殴った。先生に殴られるのは、やはり悪いからであって、子供はそうして成長したのだと垂訓は思っている。

林垂訓は公学校本科六年のとき、台中第一中学校を受験して不合格となったため、霧峰公学校の高等科へ進み、途中で台中公学校高等科に転校した。難関の台中一中に合格するためには、田舎の霧峰にいるよりも、台中市内に転校したほうが有利だったからである。台中公学校高等科の受験の組に入って一年間勉強し、翌年垂訓は台中一中に合格した。

一九四四年（昭和一九）三月に台中一中を卒業した林垂訓は、同年四月に台中高等農林学校に入学した。この年九月一日、台湾に徴兵制が実施された。同日の『台湾新報』は、「待望の兵の道、光栄の首途《かどで》」「本島の徴兵制けふから実施」「島民皆兵の門開く、歓喜感激全島を蔽《おお》ふ」と報じている。

翌四五年四月、林垂訓は台中学徒兵となった。台中州の海岸線、大甲渓《だいこうけい》から烏渓《うけい》までが台中学徒兵の管轄であった。海岸線に壕を掘り、終戦まで守備についた。垂訓たち二年生は上等兵であり、下に一年生がいたので兵隊生活はまだ楽な方だった。

大隊本部は、清水《きよみず》神社の中におかれていた。大隊長は近藤中佐、中隊長は大島中尉だった。学徒兵は教練のときに使っていた三八《さんぱち》式歩兵銃を持ち、各中隊には機関銃が配置された。たこ壺を掘って、敵が上陸してきたときの攻撃の仕方を訓練した。上官は配属将校で、二年生の学徒兵を特別扱いしてくれた。同地域に配置された部隊の日本兵に、林垂訓たちは台湾語を教えたりしていたという。

終戦後の四五年九月からは、日本人の兵隊に代わって倉庫番をしなければならなくなり、のびのびになって結局四六年一月になって復員した。台中高等農林学校は終戦後、台湾省立農業専科学校となったので、林垂訓は農業専科学校第一期生として卒業した。同校は現在の国立中興大学の前身である。

農業専科学校を卒業して霧峰に帰ると、戦前の信用組合が農会になっていて、ここでしばらく勤めたあと、第二回の郷長選挙に当選した。郷長を二期務めてから台中に住居を移して事業を始めた。林垂訓が鄭順娘と結婚したのは、農業専科学校を卒業して一年後のことであった。

空襲の体験

戦争中、台中には陸軍の飛行場があり、大腹《だいふく》山に高射砲陣地があった。戦争末期には、夕方にしばしば艦上機による機銃掃射があった。新竹には、海軍の飛行場があった。

林垂訓の妻林鄭順娘は、新竹市の出身であり空襲体験者である。米軍機動部隊の艦上機による新竹市への空襲は、一九四四年（昭和一九）一〇月に始まった。翌四五年にはＢ24爆撃機の編隊による新竹市への空襲があり、大きな被害が出た。鄭順娘の家にも、爆弾が投下されたことがあった。家の近くには憲兵隊が置かれていた。警戒警報は午前一〇時、爆弾を一直線に落としていった。その時投下された爆弾は小さいものであったが、地面が大きく上下に揺れたのを彼女は覚えている。

新竹市がもっとも大きな被害を受けたのは、四五年五月一五日のＢ24多数機による午前から午後二時にかけての爆撃であった。この日、鄭順娘は、母といっしょに台北の縁家を訪ね、夜遅く新竹に帰ってきた。新竹駅に降りると、プラットホームには白い布をかけられた死体が一面に並べられていた。纏足の母と女中一人とともに、死体をよけながら駅を出た。路地のあちこちの電

住吉公学校四年生、1937年（林鄭順娘『半生略記』より）

信柱に、爆弾でちぎられた手や足やスカートがぶら下がっているのを、月の光が照らしていた。

家に帰り着くと、鄭家の邸宅は二、三本の柱と門のわく組みを残すのみで、すべてが倒れ散乱していた。順娘たちを見てようやく落ち着いた祖母や伯母たちは、石柱が倒れて重なった階段に座り、爆弾の恐ろしさを語った。林鄭順娘は、「戦争のことは忘れられない」と言う。

鄭順娘は、一九二八年（昭和三）一月九日に、新竹市北門の名家に生まれた。父鄭肇基《ていちょうき》は実業家であり、大地主でもあった。一九〇六年（明治三九）に台湾米穀株式会社取締役となった鄭肇基は、その後鉱業、製糖、拓殖、金融など多くの事業に携わり、華南銀行監査役、台湾蓪草《とうそう》拓殖株式会社社長、新竹商工会議所顧問などを務め、新竹街助役、新竹州協議会員などの公職に就いた。

父肇基には五人の妻があり、順娘の母黎招冶《れいしょうや》は第三夫人として迎えられた。招冶は台北市近郊新店《しんてん》の茶を栽培していた農家の娘として生まれ、いったん台北に養女に出たあと鄭家に嫁した。第二夫人までは子が無かったので、近い血縁から男の子が養子に迎えられていた。順娘にとっては歳の離れた兄であり、鴻源《こうげん》といった。鄭鴻源は東京帝国大学法学部を卒業し、台湾総督府の官吏となった。父肇基の実子だった順娘は、第一夫人にも兄夫婦にも可愛がられて育った。

順娘は二年間幼稚園に通ったあと、一九三四年（昭和九）に新竹女子公学校に入学した。一、二年生の時の担任は荘栄烟《そうえいえん》先生、三、四年生の時は江尚文《こうしょうぶん》先生だった。荘先生の家は小さな蝋《ろう》燭《そく》工場を営んでいて、時々勉強を教えてもらいに行った順娘は、女工たちの作業がおもしろくて飽かずに眺めていたという。四年生のときには、新竹女子公学校は住吉公学校と名称が変更されていた。

住吉公学校四年の時に、日中戦争が始まった。新竹の町も上海陥落や南京陥落など、戦勝を祝う旗行列や提灯行列で賑《にぎ》わった。順娘たちも日の丸の旗を振って出征兵士を見送った。高学年になると、千人針を縫ってもらったり、慰問袋を作っては戦地へ送った。四年生のときには、順娘たち母子を不幸がおそった。可愛がってくれた父肇基が亡くなったのである。

公学校六年生のとき、日本への修学旅行で関西と関東の各地を回った。高等女学校の受験を控えていた順娘は、勉強のことが気になってあまり気がすすまなかったという。修学旅行に参加した児童は数十人だった。順娘たちの担任だった長谷川清訓導ら男の先生と、瀬上茂美訓導、星ふみ訓導ら数人の先生が引率した。

二八日間の行程で、下関から瀬戸内海を通って神戸に着き、奈良や京都、大阪を回り、大阪城、吉野山、比叡山、伊勢神宮を訪ね、日光まで行った。大都会の大阪では夜の自由時間にネオンの光に眩惑《げんわく》されて道に迷い、宿泊しているホテルがわからなくなった。一一時を過ぎてようやくたどり着いた時には、玄関につっ立っていた長谷川先生の顔が青ざめていた。順娘たちは、この時ばかりは叱られてもしかたがないと思った。師範学校を出たばかりの長谷川訓導はとてもきびしくて、ふだんから過ちをおかした子を容赦なく叩いたからである。比叡山では、ホトトギスの笛をみやげに買ったことを今も覚えている。順娘たちが修学旅行の行きと帰りに乗った船は、大和丸と富士丸だった。この二隻は太平洋戦争中にアメリカ軍の攻撃を受けて沈められた。

順娘は、住吉公学校から台北第三高等女学校に進学した。台北第三高女は、一二人中一人しか合格しない難関校だった。難関校を目指したというよりも、新竹ではどこを歩いていても、鄭家の「お嬢さま」として見られた。彼女はその視線から逃れたかったのである。

戦時下の青春

台北第三高等女学校三年生のとき、食糧難で米がなくなってきたことや、経済警察がやかましいことや、母が纏足であることなどを考えて、一学期から新竹高等女学校に転校することにした。新竹高女では、制服のスカートがもんぺに代わり、防空演習や防空壕掘り、竹槍訓練が行われた。ある日の竹槍訓練中に、「竹槍がなければ米兵の喉《のど》に噛《か》み付いてでも殺せ。」と先生が言った。その日の下校途中、順娘は「大きなアメリカ兵を噛み殺すなんてできるはずがない。」と友達にもらした。それが台湾人のクラスメートから担任に伝わって大騒ぎになり、教務主任から尋問に近い説教を受けて辛い思いをしたことがあった。

先生たちの多くは台湾人生徒に対して同情的だったが、永井という化学の女性教師が水道の栓がじゅうぶん締められていないのをとがめて蔑視感をあらわにしたときには、彼女の胸は暗く深く沈み悲しみの淵に閉じ込められたという。台湾総督府の記録には、嘱託舎監として「永井ふみ」の名が記されている。この女性が化学の授業を担当していたのだろうか。

一九四四年三月に順娘は新竹高女を卒業して、彰化銀行の新竹支店に就職した。順娘の兄鴻源は新竹市皇民奉公会の会長だったから、率先して改姓名を実行する立場にあった。順娘も四四年初めに改姓名をしていた。鄭家の庭園の名が北郭園だったことから、北園《きたぞの》姓を名乗り、順娘は北園順子と改姓名をしていた。新竹高等女学校の卒業証書も、彰化銀行新竹支店の辞令も、日本名の北園順子だった。

彰化銀行新竹支店には、四、五人の日本人の女性職員と給仕係の台湾人女性一人がいて、支店長は日本人の男性、副支店長は日本人男性一人と台湾人男性一人であった。四五年になると、空襲はますます激しくなった。順娘は銀行を辞めて疎開したいと支店長に申し出たが慰留され、母招治たちが疎開した山村の宝斗仁《ほうとじん》から二時間かけて通勤した。

疎開する前には、新竹海軍飛行場の士官たちがよく鄭家に遊びに来た。青年たちは、当時貴重になっていたビタミン剤や石鹸などを手土産に持ってきた。母招治は日本語がわからなかったけ

彰化銀行時代の鄭順娘、1944年
（林鄭順娘『半生略記』より）

れども、得意のビーフンを作って彼らをもてなした。「若い青年たちの明るい笑い声がいっときの間暗い家の中を明るませた。」と、林鄭順娘は遠い過去を思い出し、手記『二つの時代に生きて』に記している。ある晩、特攻隊士官が、「明日、出発します。お母さんによろしく。」と言い残し敬礼して帰っていった。それっきり、彼の消息は絶えた。

　若い女性は、町会単位に女子青年団に編成されていた。空襲時の救護活動や、出征兵士の慰問が主な仕事だった。順娘も新竹北門の女子青年団に入っていた。北門には鄭家の祖先を祀《まつ》る廟があり、そこが戦時下のいろいろな行事や女子青年団の訓練に使われた。北門近くに爆弾が投下されて死傷者が出たときには、女子青年団が夜遅くまで炊き出しをした。

　彰化銀行の勤務中にも連日空襲があって、空襲警報とともに防空壕に飛び込む日々が続いた。投下弾の爆発のたびに、防空壕は激しく揺れ頭上から砂が落ちた。機銃掃射と投下弾の爆発音におののきながら、奥歯はガチガチになったという。

　化粧をすることもなく、もんぺと白いシャツで空襲から逃げまどう毎日だった。戦争は勉強好きだった順娘から、上級学校への進学の機会も奪ってしまった。鄭家の親族で年上の女性たちの何人かは、日本の医専に進んで女医になった。戦争さえなければ、同じコースをたどれたものを、と、そのことが彼女の心残りとなった。

敗戦は日本の圧政からの解放だったが、やがて新たな圧政者が現れたことに順娘も気付かされた。のちに林鄭順娘は、「財団法人鄭順娘文教公益基金会」を組織して、台湾語がなくならないようにと教育活動を続けてきた。人形芝居、絵画、書道、漢詩の教育を通して、台湾人が使ってきた言葉を子供たちに伝え、台湾人の文化と心を守る活動を続けてきたのである。

私は林垂訓、鄭順娘夫妻宅を二度訪ねた。初めて夫妻に会ったのは二〇〇六年八月だった。このときは時間の都合から、じゅうぶん話を聴くことができず心残りに思いつつ辞去したのだった。その夜ホテルに帰ると、史明著『台湾人四百年史――秘められた植民地解放の一断面』が「鄭順娘」の署名入りで届けられていた。同書の「再版はしがき」には、執筆の基本方針が五つ列挙されていて、その（二）に「台湾の『史実』に基づいて叙述する」とあり、（三）に「被圧迫民族、とくに台湾大衆の立場に立って諸史実の位置づけをする」と記されていた。そこに目を通していると、同書が手元に届いたかと林啓三《りんけいぞう》から確認の電話があった。

初年兵七か月

林啓三は一九二五年（大正一四）一月八日に、台中州竹山《たけやま》郡竹山庄（現・南投県竹山鎮）の小地主の次男林進経《りんしんけい》の長男として生まれた。弟は三人、妹が二人だった。七歳で竹山公学校本科に入

竹山公学校時代の林啓三（林啓三氏提供）

学し、優等の成績を修めて高等科に進んだ。高等科時代には、日本人教師による差別教育の体験がある。教師が台湾人生徒に対し、「支那人根性を叩き直す」「清国奴《チャンコロ》」と罵ったのである。日本から来た人に差別を感じたことはなかったが、台湾で育った日本人には差別意識があった。台湾人生徒の啓三たちは、日本人を陰で犬と言っていた。

竹山公学校高等科から屏東農業学校に進学した林啓三は、一九四三年（昭和一八）一二月に三か月短縮で同校を卒業し、翌四四年一月に三井農林会社に入社した。この時三井農林会社に採用されたのは二二人（うち日本人二人、台湾人二〇人）だったが、六か月の訓練中に半数近く脱落して一四人が残った。訓練終了と同時に、月給が四〇円から四五円に上がった。

翌四五年二月一日、台湾全島で初めての徴兵検査が行われた。徴兵適齢者の林啓三は、台中州新高《にいたか》郡集集《しゅうしゅう》街（現・南投県集集鎮）で徴兵検査を受け、第一乙種で徴集された。翌日の『台湾新報』は、「徴兵台湾の力強い歩武」の見出しを付け、「こゝろうづく日本男子の意気」「今ぞ吾《われ》等《ら》御盾《みたて》、誉れの若人肩を列《なら》べて入営」「ふり仰ぐ御紋章、栄光に輝き映ゆ兵の貌《かお》」などと報じた。

林啓三は、高雄州鳳山の敢一七八七部隊（聯隊長青木功）に入営した。入営前に改姓名して小林啓三となっていた。入営の翌日、新しい軍服、軍帽、軍靴と下着を受領した。三日目にトラックに載せられ、しばらく南に走って駅前で降ろされたあと行軍が始まった。何のためにどこへ行くのか、何もわからない。兵はただ命令に従うだけである。

途中民家の空家で一夜の休息をとり、翌朝発って午後に楓港《ふうこう》に着いた。巨大なサツマイモのような台湾島の尻尾《しっぽ》が、バシー海峡に向かって突き出ている。楓港は南に伸びた尻尾の台湾海峡側の中ほどに位置している。楓港から東の山脈に向かって行軍が続いた。山を歩き牡丹《ぼたん》社の学校で一泊し、翌日峠を越えると眼下に太平洋が現われた。初めて見る太平洋は黒く荒れ、峠の風は新兵の頬を打った。

　中等学校で教練を受けた啓三は行軍に耐えることができたが、落伍者が続出した。新兵たちは太平洋岸を北上し、大武《だいぶ》・太麻里《たいまり》・知本《ちほん》を通って台《たい》東《とう》に着き、女学校の運動場に整列させられた。ここで所属する中隊が決められた。啓三は歩兵砲中隊（中隊長山田中尉）に編入され、台東日奈敷《ひなしき》

ふり仰ぐ御紋章
榮光に輝き映ゆ兵の貌
高雄

『台湾新報』1945年２月２日付

（現・檳榔《びんろう》）の中隊駐屯地で初年兵教育を受けた。歩兵砲中隊は速射砲小隊と聯隊砲（山砲）小隊に分かれている。速射砲小隊は八分隊、聯隊砲小隊は二分隊あった。一分隊は二十数人である。啓三は速射砲の第五分隊（分隊長岩男伍長）に配属された。

日奈敷の兵舎は竹の柱に藁葺きで、竹の寝床と土間のある仮小屋だった。中央に野菜畑の空き地があり、それを囲むように兵舎が立てられていた。砲は坑道にしまわれていた。初年兵の教育には白石兵長と高橋上等兵があたり、各個動作、団体行動、三八式歩兵銃の操作などの訓練が行われた。啓三は学校教練で習得済みのことだったが、公学校出の新兵はなかなかうまくできなかった。

二週間の訓練ののち、入営時とは逆コースをとって夜間に行軍し、楓港から北に歩き往路トラックから降りた駅までもどった。ここで汽車に乗せられて、台北市近郊板橋に近い樹林《じゅりん》に運ばれた。樹林から北西に行軍し、部隊は林口《りんこう》台地の公学校に入った。砲兵中隊は、湖子《こし》の茶工場の二階を兵舎とした。

林口台地には茶畑が広がっていた。この茶畑に、無数のたこ壺が掘られていた。兵たちはこのたこ壺に隠れ、上陸してきた敵戦車のキャタピラの前にガソリンの入った酒ビンを投げつけるという「挺身奇襲」の訓練を受けた。林口台地の粘り気の強い赤土の上を、匍匐《ほふく》前進する訓練は辛かった。胸から足先まで泥だらけになった。もちろん速射砲の訓練も受けた。砲の各部の名称、操作、点検要領、作戦要領などを学び、成績の良い者は砲手になり、その他は弾薬手となった。

三井農林時代の林啓三、1944年６月（林啓三氏提供）

平地では兵が肩にベルトをかけて砲を運び、山地では分解して搬送する。砲身、砲架、車輪、脚などを兵が担いで運ぶのである。体力がじゅうぶんでなかった啓三は、砲の分解搬送訓練がいちばん苦しかった。

三月中旬に、中隊は台地を降りて瑞樹口《ずいじゅこう》に移動した。中隊本部は集会所に入ったが、兵たちは大雨でずぶ濡れになりながら竹の柱と藁葺きの仮兵舎を建てた。啓三は台湾人兵士の中から選ばれて中隊本部付となった。この時に中隊長は、若くて気の荒い田中中尉に替わった。この中尉はよく兵を殴った。

中隊には年輩者を召集した老兵がいた。下士官も若い兵も彼らを馬鹿にした。その中に、州立嘉義農林学校の教諭がいて、肥かつぎと野菜作りをさせられていた。啓三はそれを見て、国家の大いなる無駄と思った。嘉義農林は、一九三一年（昭和六）に全国中等学校野球大会、夏の甲子園で準優勝した学校である。中等学校を卒業している啓三は、初年兵教育後に幹部候補生を受けたがそのまま終戦となった。

四五年四月になると、訓練も陣地構築も強化された。啓三は、海辺に配置された下福《かふく》の分隊に派遣された。坑木材を切り出し、坑道を掘り、砲架を強化する作業に忙しい毎日が続いた。壕内で寝ることもしばしばであった。敢部隊は陣地構築はできても、とても決戦部隊には見えなかった。装備された砲は古かった。啓三は入隊中に一度も実弾射撃を見たことがなかった。

除隊後のことなど

八月一五日、啓三たちは天皇の玉音放送を聞いた。その日兵たちは大隊本部に集められ、軍旗の焼却式が行われた。九月二日、台湾人兵士たちは新しい軍服と軍靴、若干の米と砂糖を渡され、翌日帰郷を許された。

復員した林啓三は三井農林会社にもどったが、やがてこの会社は国民党政府農林処が接収して農林茶業公司、さらに台湾省茶業公司となった。水田は県政府に、山林は林務局に移され、公司は茶業の経営のみとなった。戦後の接収後四年間、啓三は公司で働いたが、その経営方法には馴染むことができず、郡役所の職員に転職した。

公務員を定年で退職した林啓三は、台湾の農会と日本の農協との姉妹クラブ提携を助成したり、たくさんの友人との付き合いを大切にして楽しく暮らしているという。現在彼は「台日交流聯誼会」の会長を務めている。同会編の『宝島』には、林啓三の手記「我が人生を時の流れに」が掲載されていて、次のように記されている。
日本は敗戦した。しかしただひとつ日本政府に叫びたいことは元日本籍だった台湾人日本兵が戦後中国の行政長官の一方的宣言によって中国籍に帰したものの、そのために日本から見放される一方、お前達は曾《かつ》て祖国軍に対し銃を向けた不届き者として、中国からも除け者扱いにされ、いわば孤児的存在となった僕らに対して温かい言葉をかけてくれたことがあっただろうか？　この道義的責任を日本国会に訴えたい！

南投の自宅で美味しいお茶を入れて迎えてくれる林啓三は、満面に笑みをたたえた温厚で誠実な人である。穏やかな人柄でふだん口にはしないことだけに、右の文を読むとき、その重みに押しつぶされそうになるのである。

林啓三との縁で、徐達璋《じょたつしょう》医師に会えたのは、林垂訓、鄭順娘夫妻を訪ねた前日のことであった。徐達璋医師は、一九二五年（大正一四）一月二五日生まれである。一九三七年（昭和一二）に台北市樺山《かばやま》小学校から台北高等学校尋常科に進み、一九四一年（昭和一六）に台北高等学校に入学した。同年の台北高校入学生四〇人のうち、日本人は三六人、台湾人は四人であった。台北高校は三年制だが、二年半で台北帝国大学医学部に入り、戦後国立台湾大学を卒業した。徐達璋医師の家系は客家であり、父は徐阿煌《じょあこう》、母は雲妹《うんまい》といい、父は台北医学専門学校を出て開業医となった。

徐達璋医師は台北高校尋常科時代から数学が得意だったので、同級生たちが問題の解き方を教えてほしいと訪ねてくることが多かった。台北高校尋常科も、台北高等学校もエリートの集団であり、学生の間に差別意識は存在しなかった。当時の一般大衆とは、生活環境がそうとう違っていたのである。

とはいえ、大学を卒業して社会に出るときには、日本人と台湾人とでは事情が違っていた。台湾人エリートは、医者か弁護士の二つのうち、どちらかのコースを選ばざるをえない社会構造だったと徐医師は回想している。

一九四〇年ごろ、徐達璋は『生活の発見』という林語堂《りんごどう》の著書の日本語訳を読んだことがあった。これによって、彼は中国人を知った。「中国人は国のためには死なない」「氏《うじ》のために死ぬ」というのである。達璋は、胸にあてて思うところがあったという。台北帝大時代には、のちに広島大学教授となった外科の河石九二男が三、四年も前の汎太平洋会議の土産話で、「日本の医学は優れていると思ったけれど、外国もばかにできない」と雑談しているのを聞いたことがあり、今も耳に残っているという。

徐達璋医師は戦前の日本について、「老日本」(古い日本)という言葉をあげ、「正直で融通がきかない人のこと」、「清廉《せいれん》」ということが代表しているように、「一般的には正直で整然とした社会であったのではないか」、「治安も良く、わりあいに良い人が集ってきたと思う」とのことであった。

徐達璋医師は台湾大学卒業後、台北と台中の間の苗栗で、東海医院を二〇年間開業し、その後日本の公立病院で勤務医として長く勤めた。徐達璋医師の妻徐巫慶鶯《じょふけいおう》は、戦後まもない時期に、籠に乗って嫁いできたという。夫妻は今、台中で静かな日々を送っている。

徐医師の台湾大学の同級生蔣松柏《しょうしょうはく》は、台湾の民族運動家蔣謂水《いすい》の孫であった。蔣謂水や松柏の父蔣謂川《いせん》のこと、台湾文化運動を推進した人びとの多くが台湾の素封家出身であったことなど、徐医師の話の奥深さを思いながら、夫妻の家を辞したのであった。

台南善化の実業家

允成《いんせい》化学工業股份《こひん》有限公司董事長の林耿清《りんこうせい》は、一九二三年（大正一二）九月一九日に、台南州新化《しんか》郡善化《ぜんか》庄善化（現・台南県善化鎮）に生まれた。数え年六歳で善化公学校に入り、台南第二中学校から台南高等工業学校に進学した。善化は台南市の北二五キロに位置し、現在は先端科学工業団地の建設が進められている。

父林連順《れんじゅん》は、一八八〇年代初めの生まれで、日本の植民地統治が始まってのちに、善化郵便局に勤めながら苦学し、善化公学校を卒業した。基隆と高雄を結ぶ鉄道、西部幹線縦貫線が開通したのは、一九〇八年（明治四一）四月であった。善化の町にも駅が設けられることになり、林連順は運送業を始めることにした。やがて彼は、付近一帯に良質の甘藷がたくさん収穫されることに目を向け、澱粉《でんぷん》工場を始めた。事業は軌道にのったものの、台湾では最良の澱粉を製造しても、日本では品質が良くないと言われる苦い体験をした。教育熱心だった林連順は、息子たちに

台南二中時代の林耿清（林耿清氏提供）

理化学や機械工学の知識を身に付けさせ、工場を継がせようとした。耿清には四人の姉妹がいたが、女の子は嫁がせるので父連順は男の子に高い教育を身に付けさせた。

耿清の長兄と次兄は長栄中学校で学んだが、ミッションスクールの同校は当時三年制だったので、四年目から同志社中学校に転校し、長兄は同志社高商へ、次兄は東京高等工業学校機械科へ進学した。長兄は、父が病気で倒れたので修学半ばで台湾に呼び戻されたが、結婚して二人の子供が生まれてから台南高等工業学校応用化学科に入った。次兄は日本人と結婚し東京に住んだが、終戦後台湾に帰り、允成製粉部（のちの允成化学工業）の仕事に就いた。三番目の兄は耿清と同様、台南第二中学校から台南高等工業学校へ進学した。この兄は長兄とともに台湾洋釘工場を設け、一九五〇年に会社組織にして亜東鋼鉄会社を設立した。

林耿清は数え年六歳で善化公学校に入学したが、一年生と六年生をそれぞれ一年多く就学したので、八年で公学校を卒業した。公学校時代は楽しかった。兄たちが買ってくる『幼年倶楽部』『少年倶楽部』を読んでばかりいた。真田十勇士など、英雄豪傑伝をよく読んだ。学校の予習や復習は一切せず、授業も字を書かないで聴いているだけであった。

公学校では、日本人の先生に習うのが好きだった。台湾人の先生の日本語には、訛《なま》りがあるので、そのアクセントが移るのがいやだった。科目の中では歴史が好きだった。増本光春先生の日本の歴史の授業における立派な人物の話、たとえば仁徳天皇の話などが印象に残った。

三六年四月に台南第二中学校に入学した。公学校のときは歴史が好きだったのに、中学校では歴史の高橋正尾先生がいやだった。高橋教諭は、日本精神を叩き込む。「允恭天皇、読めないのか。」「愛国心がない。」などと、クラス全員が怒られた。日中戦争が始まり、「お前たちそれでも日本人か。」といった教育に次第になっていった。いい先生もいたけれど、軍国主義の先生が多くなった。総じて中学時代は、理科の科目が好きであった。台南二中の先生の中では、屋良朝苗教諭がとても良かった。ずっとのちに、屋良先生が「将来中国は立派になるよ。」と言ったのを耿清は覚えている。

台南高等工業へ進学

一九四一年四月、林耿清は台南高等工業学校応用化学科に入学した。ほかに機械・電気・電気化学・土木の各科があった。応用化学科の四一年入学生（第一一期生）は三〇人、うち日本人二五人、台湾人五人であった。応用化学の台湾人同級生は、いずれも台湾島内の中学校選り抜きの秀才だった。一人は基隆中学校、一人は台北第二中学校の成績トップの生徒だったし、一人は台中一中のトップクラスの生徒だった。第一一期生は、四三年九月に半年短縮で卒業した。

読書好きだった林耿清は、中学校では『講談倶楽部』や『キング』などを講読していた。台南高等工業時代には、『文芸春秋』などを読んでいた。林耿清は理数系の科目が得意だったが、少年時代から日本の大衆的な文学が好きだったのである。

理系の台南高等工業学校の学生は、学徒兵としてとられなかったけれど軍事演習はあった。演習のとき露営地で、日本人学生が台湾人学生を侮辱して殴ったのは、忘れることのできない嫌な出来事であった。殴られた学生楊金欉《ようきんそう》は、戦後台湾電力輸送部の発電関係に勤め、のちに台北市長となった。

台南高等工業を卒業した林耿清は、台北帝国大学農学部醸造学研究室の馬場為二教授のもとで働くことになった。当時馬場教授はブタノール（ブチルアルコール）の研究で、しばしば善化を訪ねていた。その縁で、台南高等工業を出たすぐ上の兄が二年前から馬場研究室に勤めていた。その兄が「お前どうせ兵隊に引っ張っていかれるのだから、うちへ来ないか。」ということになって、醸造学研究室に行くことになった。醸造学研究室での仕事は軍需工業関連ということで、耿清は兵隊に行かなくてもよくなった。四四年の秋からは米軍の爆撃が激しくなって、研究どころではなかったが終戦まで耿清はそこにいた。

終戦後進駐してきた国民党政府軍によって、台北帝国大学も接収された。耿清は四五年暮れに台湾大学理学院（元の台北帝大理学部）に入学して、理論化学を勉強することにした。大陸は荒れていて、大学の教授が来るような状態ではない。耿清は四八年六月に台湾大理学院を卒業するまで、元の台北帝大の日本人教授の指導を受けた。お蔭で日本の帝大と同じ勉強ができたが、中国語を習わなかったために北京語、中国文の方は下手だという。

林耿清は、日本人の偉いところは、植民地であっても教育をしないといけないとの方針のもとに、制度を整え実行したことだと考えている。戦前日本人の教育制度は良かったのであり、教育をしないと使いものにならないという考えは正しい。しかし、本島人ということで、台湾人を植民地の人間として見下したのは大きな欠点であり、敗戦の原因でもあったろうと言う。何事も日本人は一生懸命やるのだが、他民族を統治してその良いところを認めず、蔑んだのはいけなかったと、林耿清は当時を回想している。

林耿清の妻の林鄭艶香《りんていえんこう》は、一九二六年（大正一五）二月二〇日に善化に生まれた。父は台南州庁の職員であり、鄭家は地主でもあった。鄭艶香には、兄二人と姉三人、妹が二人いた。艶香の父は、進歩的で教育熱心な人であった。母と祖母は、纏足をしていて、母の日常の服装は中国服だった。鄭家の家庭生活は、現代的で進歩的だったので、母の考え方と自分たち子供の時代は比較的接近していたとの印象を艶香はもっている。

長兄は、台中商業を出て法政大学商学部に進み、卒業後は台湾総督府嘉義営林署に勤務し、戦後第一商業銀行支配人となった。次兄は、台南第二中学校から日本医科大学へ進み、台湾に帰って戦後竹崎で開業した。上の姉は公学校の高等科へ行き、二番目の姉は長栄女学校、三番目の姉から下の姉妹、艶香を含めて四人はすべて台南第二高等女学校に進学した。

鄭艶香が善化公学校に入学したのは一九三二年（昭和七）四月、台南第二高等女学校入学は三八年四月である。艶香の家は善化市街にあり、善化駅までバスに乗り、汽車で台南へ、台南駅から市内バスで通学した。通学時間は一時間ほどである。善化には製糖会社があったので、日本人が住んでいて小学校もあった。

台南第二高女は、艶香が入学したとき一学年三クラス、一五〇人であった。そのうち三分の一が日本人だった。女学校では、日本人の同級生と仲よしだった。家庭でも日本人と付き合っていた。夏休みには合宿修養会があり、一年生から四年生まで宿舎でいっしょに泊まった。合宿では上級生と下級生が親しくなり、肝試しをしたり、市営プールで泳いだりした思い出がある。

艶香は作法の時間と、音楽、国語が好きだった。当時台南第二高女には、一人だけ台湾人の先生がいた。奈良女子高等師範学校（現在の奈良女子大学）出身の梁許春菊《りょうきょしゅんきく》という奇麗な先生で、数学の教え方が上手だった。在学中は戦時下だったので、台南駅での兵隊の送迎や、千人針を作ったりした。学校で篤志看護婦の募集があった。日本人にも台湾人にも応募した人がいた。強制的ではなかった。艶香は当時痩《や》せていたので「やせちゃん」と言われていて、「あなたはいいです。」と言われたので、応募しなかったという。志願した幾人かが、香港へ行ったらしいと聞いたことがあった。

林鄭艶香は戦後ずっと、日本に帰った台南第二高女の恩師と連絡が続いている。埼玉県には九〇歳の恩師が健在である。最近では手紙ではなく、電話ばかりになったという。

林耿清、艶香夫妻を初めて訪ねた夏には、広い庭園は修復中だったが、冬に訪ねたときにはすっかり工事は終わっていて、南国の木々の緑に緋の花が鮮やかだった。再訪のときにはタクシーを使わず、台南駅で電車に乗り、善化駅に降りた。台南第二高女の鄭艶香たち女生徒が、同じ電車で台南高等工業に通う年上の林耿清を、「おじさん」と陰で呼んでいたという通学路を、私も往復してみたかったのである。夫妻は子息とアメリカ留学から帰国中の孫息子を紹介し、あたたかく迎えてくれたのだった。

ニューギニア戦線

峻険な台湾山脈の手前に広がる南投の丘陵地は、なだらかな緑に包まれ、冬の気候は穏やかで住みやすい。「厳寒を避けて、冬の間ここで暮らす日本人がいますよ。」との話である。

干しバナナを手土産に現われた蔡金水《さいきんすい》は、ニューギニア戦線から九死に一生を得て帰って来た体験を語り始めた。戦後、南投県農会に長く勤めた蔡金水は十数年前に定年退職して、今は四人の子息が共同で経営する会社の監査役を務めている。

蔡金水が「南方行幹部募集」の新聞広告を見て志願し、戦地に向かったのは一九四三年（昭和一八）一一月だった。前年には、台湾特別志願兵制が実施され、教員だった兄とともに志願したが、兄は合格し金水は不合格となった。日本教育で育った実直な青年蔡金水は、「南方行幹部募集」の文字に心をおどらせ、今度こそは希望がかなうにちがいないと志願したのである。

新聞で見たという「南方行幹部募集」の広告は、「台湾総督府南方派遣第十九回台湾特設勤労団」の募集であった。「台湾特設勤労団」は、軍夫隊に付けられた名前だった。幹部になろうと思って志願した金水は、幹部どころかただの班長になっただけで、「あの時だまされた」と今も思っている。蔡金水は当時は日本人らしくと、松永憲政と改姓名していた。

「台湾特設勤労団」は、一九四三年五月から翌四四年九月まで三〇回にわたって編成され、南方の戦場に送られた。戦後の「台湾人方面別（部隊別）人員統計表」によると、「台湾特設勤労団」二万六三九二人のうち死亡七七七七人、復員一万一九八二人、状況不明六六三三人（死亡推定二三三七人）となっている。

三〇回編成された「台湾特設勤労団」総数のうち、復員したのは半数にもみたず、死者は一万人を超えたのだった。なかでも、蔡金水が志願した「第十九回台湾特設勤労団」一〇〇一人のうち生還したのはわずか二二〇人、死者は七八一人にのぼった。なお、「台湾人方面別（部隊別）人員統計表」には、軍人六万二二五二人のうち死亡一一四七人、復員五万二二〇五人、状況不明八九〇〇人とあり、軍属六万四二四四人のうち死亡一万六一二人、復員三万九八六一人、状況不明一万三七七一人と記されている。

「台湾特設勤労団」三〇個団のほとんどは、豪北《ごうほく》すなわちオーストラリアの北、西部ニューギニア地域に送られた。ガダルカナル島撤退後、南東（ソロモン諸島、東部ニューギニア）の戦局は日に日に悪化し、豪北方面での反撃作戦の準備が急がれていた。一九四三年九月、御前会議にお

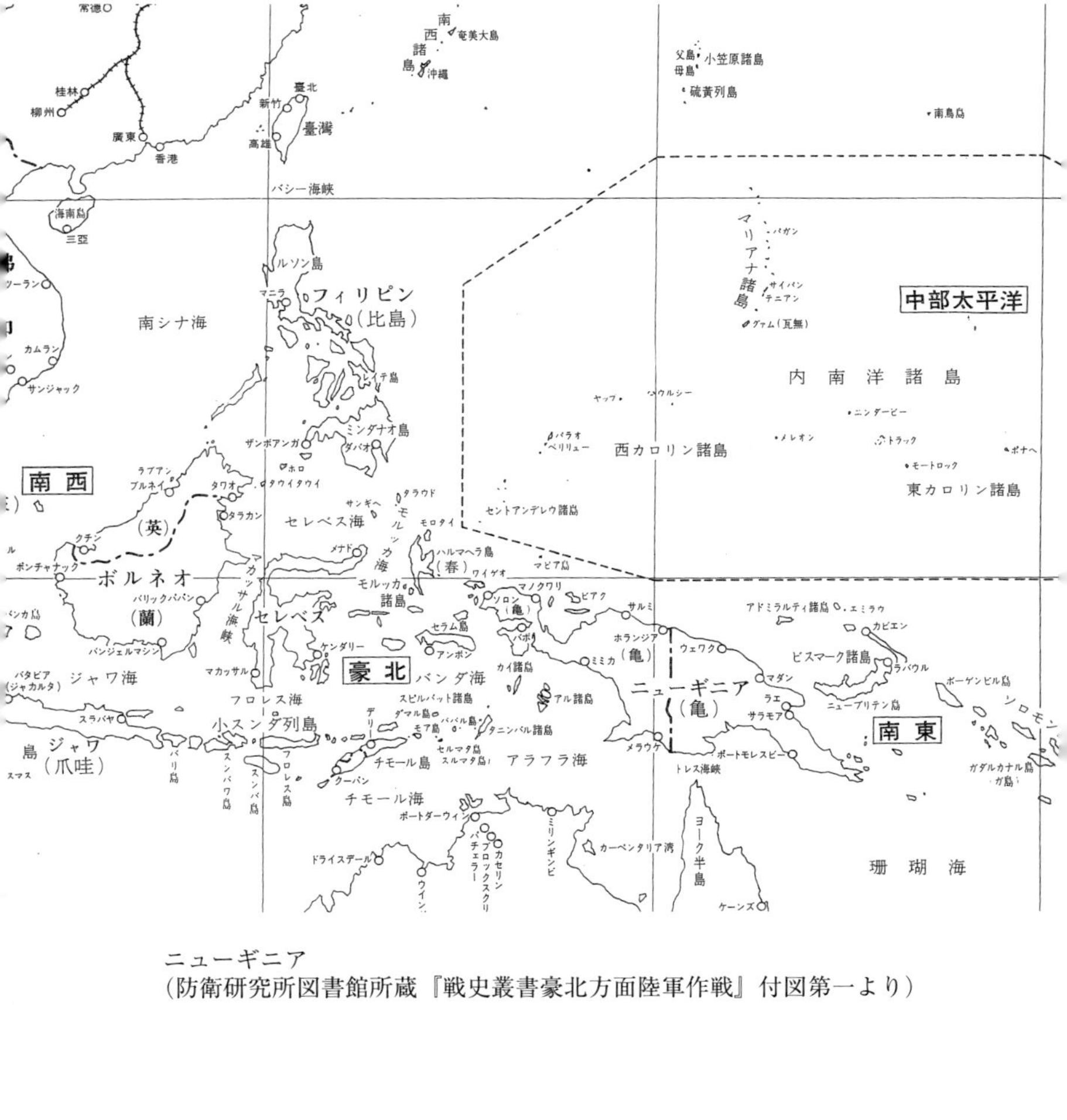

ニューギニア
(防衛研究所図書館所蔵『戦史叢書豪北方面陸軍作戦』付図第一より)

いて今後の戦争指導大綱が決定され、絶対防衛線はマリアナ・カロリン・西ニューギニアの線に後退した。御前会議直後、豪北反撃作戦準備が発令され、野戦根拠地、野戦飛行場の設定など、絶対国防圏域決戦のための作戦準備強化が進められた。

「台湾特設勤労団」は、ニューギニア方面の作業不足を補うために次々と派遣された。ニューギニアは亀に似た形をしていて、この亀は西を向いて頭を突き出している。ニューギニアの西端、すなわち亀の頭にあるマノクワリ、ソロンに日本軍の作戦拠点があった。四三年一二月にはマノクワリに第二軍司令部と第二野戦根拠地隊司令部が置かれていた。マノクワリは、翌四四年春までは増援部隊と物資揚陸の重要拠点であった。四四年春の時点における、豪北反撃作戦準備を担う第二方面軍の兵力は、「台湾特設勤労団」などを含めて、約三〇万人と概算されていた。

死線を越えて

一九四三年一一月一六日に台中公園のグランドにおいて、菅原末治を団長とする「第十九回台湾特設勤労団」一〇〇一名の結団式が挙行された。蔡金水が「南方行幹部募集」に志願して一週間後のことだった。団員のほとんどは徴用された者で、志願者は一〇分の一程度しかいなかった。団長と副団長は日本人で、一個中隊二〇〇名の五個中隊編成だった。五個中隊のうち、第二と第五の中隊長は台湾人で、小隊長以下はすべて台湾人だった。蔡金水は第一中隊（中隊長原田徳美）第一小隊（小隊長王紹謙《おうしょうけん》）に配属された。一個中隊は二個小隊に分かれ、一個小隊は五個分隊に分かれていた。中等学校出の王紹謙は、台中の大きなホテルの息子で、なかなか威厳があったが、マノクワリからソロンへの撤退中に戦死した。

結団式のあとそのまま汽車で高雄に向かい、その夜に乗船して翌一七日に出港した。一週間後にマニラに上陸して、北飛行場の設定作業に従事した。一か月後再び乗船しマニラを発った。一〇隻の輸送船団を二隻の駆逐艦が護衛した。輸送船は一万トン級の大型船で、船内には兵器や糧秣《りょうまつ》、医薬品などとともに、多数の軍人と軍属が詰め込まれ、蒸しかえるような暑さに耐えなければならなかった。途中、輸送船の一隻が潜水艦の魚雷を受けて沈没した。

一九四四年一月九日、西部ニューギニアのマノクワリに上陸した。蔡金水たちは到着して初めて、そこがニューギニアであることがわかった。「台湾特設勤労団」の主要任務は、飛行場の設定と道路構築だった。上陸後、ジャングルに荷物を運び、整地して椰子の葉で葺いた隊舎を建てて野戦生活に入った。赤道直下のジャングルは物凄《ものすご》い暑さで、団員は汗まみれになって働いた。

蔡金水は上陸後まもなく第一中隊の中隊長付となり、伝令当番を命じられた。その後二、三か月のうちに団本部員の入れ替えがあり、蔡金水は団本部の糧秣係となった。当初は、鱒缶《ますかん》、するめ、パイン缶、みかん、台湾米、タイ米、フィリピン米、日本のジャガイモ、ほうれん草、かぼちゃ、白菜など、いろいろなものがあった。湿気が入らないようにパラフィン紙に包み、大きい箱に入れられていた。

蔡金水は正直で、缶詰の一つも自分のものにしたことはなかった。その正直さがかわれて、団本部に採用された。そのことは彼の運命、すなわち生と死を分けた。団には二人の台湾人医師と衛生係六人が付けられていたが、酷熱下での団員の作業は過酷であり、衛生状態は悪く病気にかかる者が多かった。

数か月すると、日本軍の飛行機も船も見られなくなった。四四年三月末のホランジア空襲による第四航空軍の戦力喪失、四月下旬の米豪連合軍のホランジア上陸、五月下旬のビアク島上陸と、激戦が続いていた。亀の背、すなわちニューギニア北岸のホランジアは、東部オーストラリア委任統治領と西部オランダ領の境界線を西に越えてすぐのフンボルト湾に面する日本軍の拠点だった。ビアク島は、亀の首の上部の頭と背の間のへこみ、すなわちヘルビング湾に蓋《ふた》をする位置にあった。四月から六月にかけての日本軍の敗退は、豪北地域に送り込まれた兵と軍属の運命を一変させた。

海上では豪北地域に向かう輸送船団が、米軍の攻撃で莫大な被害を受けていた。多数の兵と食糧、武器弾薬が海の藻屑と消えた。マノクワリの「台湾特設勤労団」は、四月に第二野戦根拠地隊司令部に配属され、六月初めに第三五師団司令部に配属された。

六月三〇日、マノクワリからソロンへの後退が命じられ、兵と軍属数万人がジャングルと断崖絶壁の行軍を始めた。四〇日の道のりに、配られたのは一〇日分の米だけだった。敵機を避けて昼はジャングルを歩き、夜は海岸を歩いた。食料は底をつき、草や木の葉を食べた。ジャングルの河で流された者、泥沼に沈んだ者、蔓《つる》をつかんで絶壁を渡る途中で足を踏みはずして海中に落下した者、機銃掃射で絶壁から撃ち落とされた者、体力がつき栄養失調で死んでいった者、赤痢や脚気、マラリヤにたおれた者、おびただしい数の兵と団員が死んでいった。撤退する時、古い三八式歩兵銃が特設勤労団員一〇人に一挺だけ配られた。蔡金水も長い歩兵銃を受け取ったが、命からがら逃げる途中で河に捨てた。

ようやくソロンに着いた時には、マノクワリを出てから五〇日が過ぎていた。七月末には、マノクワリとソロン間の北岸サンサポールに米軍が上陸した。同地点をまだ通過していなかった者たちは、湿地帯を迂回《うかい》してさらに多くの犠牲者が出た。

マノクワリの第三五師団指令所は、七月中旬に空路ソロンに移転していた。ソロンに到着しえた蔡金水たちは、第三五師団指揮下で同地区防衛に組み込まれた。米豪軍と対峙して、ゲリラ戦が続けられた。特設勤労団は、弾丸を戦闘地に運ぶ任務を担った。敵機の来襲で死傷者が続出した。爆撃で隊舎が吹き飛ばされたことがあった。蔡金水は、簡易な防空壕に飛び込んで助かったが、溝に伏せた者は助からなかった。戦地で特設勤労団員が薪を組み、戦死者を火葬したのを見たのは一度だけだった。死者の多くは、野原に埋められ、あるいはそのまま放置された。食糧も医薬品も乏しく、栄養失調で病気にかかり、多くの戦友が死んでいった。サゴ椰子の澱粉を採取しては主食とし、ジャングルを伐採し野菜や甘藷を植えて飢えをしのぐほかなかった。

終戦の翌年一月、台湾籍の蔡金水たちはエフマン島に移され、帰国の船を待ちながら自活生活を強いられた。食べられるものはあらゆる物を口に入れ、ようやく生きのびたのである。一九四六年五月下旬、日本の船員がアメリカの輸送船で迎えにきて、六月一一日に基隆に帰った。機雷があるために、高雄港には入港できなかったのである。「第十九回台湾特設勤労団」一〇〇一人のうち、同じ船に乗って故国に帰ったのは一八四人であった。

出征までのこと

蔡金水は一九二五年（大正一四）七月一日に、台中州南投郡草屯《そうとん》街新庄（現・南投県草屯鎮）に生まれた。父は蔡心婦《さいしんふ》、母は徐現《じょげん》といった。金水の祖父は洪《こう》家に養子に入り、その子供が洪と蔡の姓を継いだ。父蔡心婦は一八歳で、母徐現は一七歳で結婚した。兄弟姉妹は一四人、男女交互に七人ずつだった。金水は三番目で次男である。生家は小作で暮らしは貧しかった。

父心婦は、若いころ筏《いかだ》流しの仕事をしていた。山中で切り出した材木を組んで、霧社から眉《び》渓《けい》、烏渓《うけい》、大肚渓《だいとけい》を下って、河口近くの彰化の大肚まで筏を流していたという。昔は森林が豊かで、水が多かったのである。泳げなければ、この仕事はできなかった。農業のかたわら、員林《いんりん》から草屯まで食料品などの荷物を運ぶ仕事もしていた。重さ七〇キロの荷物を担いで山を越えて運んでも、一日四〇銭か五〇銭ぐらいにしかならなかったという。大正から昭和の初めのことだった。

兄の蔡長木《ちょうぼく》は勉強がよくでき、台中師範学校に合格した。そのとき南投郡の公学校からは、一人だけしか合格しなかったという。長木は志操堅固で、体格が立派で音楽ができた。模範的な秀才でないと、師範学校に入ることはできなかった。父心婦は田んぼを耕す大切な牛を売って、長木を進学させた。姉や妹は学校に行かなかった。姉はサトウキビ畑で働いた。

金水は一九三二年（昭和七）に新庄公学校に入学した。公学校時代には牛の世話をし、家の畑仕事を手伝った。公学校のときは、勉強好きではなかった。五、六年の担任はよく児童を殴った。公学校時代には、よい思い出はないという。

一九三八年三月に金水は公学校を卒業し、同年四月に三年制の草屯農業家政専修学校に入学した。同校は三五年に草屯街立中堅青年養成所として開校し、三八年に草屯農業家政専修学校となった。農業専修の男子生徒と家政専修の女子生徒の校舎は少し離れて建っていた。校長は常田袈裟吉、教員は教諭が二人、助教諭五人、助教諭心得が一人だった。

同校は全寮制をとっていて、一か月の学費と寮費は一二円、うち六円を街役場が補助した。学校には広い田んぼと畑があり、豚や牛や馬を飼っていた。

助教諭の山田貢先生は、生真面目で温厚な蔡金水をとくに可愛がってくれたという。山田貢は金水が卒業する前に台中州農林課の産業技手に転出していて、四一年三月の卒業と同時に台中州農会の臨時雇員に彼を推薦した。金水は一年間臨時雇員として勤め、四二年四月に雇員となった。

同年一一月、「特設勤労団」に志願した蔡金水は、台中市内から父母に「南方へ行く」とだけ電報を打ち、そのまま出征した。草屯の家に帰る時間がなかったのである。

長男の長木は特別志願兵としてすでに出征している上に、今度は次男の金水が「特設勤労団」

に志願して親に顔も見せずに南方へ行ってしまった。「今にして思えば、父母はさぞかし辛かったことだろう。」と、蔡金水は当時を思い出しながらしみじみと語った。九死に一生を得て金水が帰国し、長木もインドネシアから無事復員したことは、父母にとってまことに幸運なことであった。

第九章　空襲と敗戦

台湾警防団令の公布

一九四三年（昭和一八）三月二七日に台湾警防団令が公布され、四月一日に全島各地に警防団が結成された。日本本土への空襲必至の状況下にあって、防衛の万全を期するために台湾にも警防団を設置するというのであった。

これまで台湾には、市・街・庄の自衛防空機関としての「防衛団」、水火災の防御鎮圧のための「消防組」、警察の補助機関として平時戦時を通じて警防任務にあたる「保甲装丁団」の三つの組織があった。この三組織を改組統合して、決戦体制下に適合した台湾警防団が編成されたのである。

警防団の設置区域は市・街・庄とされ、地区別（区・大字・派出所）に分団が置かれた。各州、庁の団長および副団長は州知事または庁長が任命し、その他の団長は郡守、警察署長または支庁長が任命した。四月一日には一斉に辞令が交付され、各地の分団長や副分団長に任じられた日本人、台湾人の名が新聞に掲載された。

同年七月には、台南州庁において、戦時災害法に基づく罹災者の救護計画および防空計画についての「戦時災害保護業務連絡打合会」が開催され、八月には新竹州警察部長が「防空訓練所」の設置計画を発表した。その三か月後の一一月二五日に、大陸基地から米軍機約二〇機が新竹に来襲し、翌四四年一月一一日には爆撃機数機が高雄および塩水方面に来襲した。台湾軍の発表によると、一月一一日の空襲では死者一名、負傷者一五名の被害があった。

一九四四年二月には、台北鉄道ホテルにおいて大日本防空協会台湾本部の設立委員会が開かれた。同本部の運営は台湾総督府警務局長が行い、顧問に台湾総督、台湾軍司令官、高雄警備府司令長官が就き、評議会は総督府の局長および部長、各州知事および庁長、民間有識者で構成された。同本部の事業は、「防空に関する調査研究」「防空知識の普及徹底」「防空勤務員の養成」「防空機関の援助」「防空訓練の援助」などであった。

四月一一日、台湾総督府において、「緊急地方長官打合会」が開催された。長谷川清総督が会議を統裁し、台湾軍司令官安藤利吉、高雄警備府司令長官福田良三の出席のもとに、五州知事および三庁長のほか、軍と官の最高首脳部が集まった。

長谷川総督は開会にあたり、「今や本島は補給的基地より飛躍し国土防衛の第一線として、戦闘基地たる重大使命に突撃せねばならぬ。この秋《とき》全島民悉《ことごと》く戦士たるの決意を以って、全島要塞化の大任に馳せ参ぜねばならぬ。」と述べた。戦局の推移に対応して、これまでの「補給的基地」としての台湾を、迫り来る敵を撃滅するために、「要塞台湾」確立へと飛躍させるというのであった。

当日、安藤軍司令官は台湾の直面する戦略的重要性と「挙島布陣」について説き、福田警備府司令長官も同様に戦略的前進を要望した。

豪北地域では四月から六月にかけて、米豪連合軍の攻勢による激戦が続いた。大軍を投入した豪北反撃作戦は瓦解し、この間に日本軍は絶対国防圏決戦に敗退した。米軍のフィリピン上陸が間近に迫ったことにより、台湾への空襲と進攻に備える「全島要塞化」が進められた。

この年四月に皇民奉公会は、発足後まる三年を迎えた。全島民の生活を国家目的に向けて統一し、高度国防国家態勢の確立と総親和総力戦態勢を強化することが、皇民奉公会の重大使命とされていた。

戦局悪化の中で迎えた皇民奉公会四年目の運動には、「全島要塞化に総力を結集」の目標が掲げられ、戦力生産の増強、徴兵準備の促進、防衛態勢強化への取り組みや、簡易飛行場献納運動などが展開された。米軍の進攻は、日本本土と南方戦略資源地帯を遮断するものであり、台湾は本土防衛の第一線基地であるとの認識が示されていた。

疎開と防空訓練

一九四四年四月一三日に全島警察部長会議が開かれ、疎開に関する実施要綱が決定された。空襲による損害を最小限に食い止め、防空活動を容易にするための都市分散疎開を早急に実施する必要に迫られたのである。

四月の『台湾新報』に掲載された「待避第一主義で行く、疎開を台大田中教授に聴く」の記事には、次のように記されている。

本島のやうに煉瓦造りの家屋では、待避主義で行かなければならない。これは爆破された煉瓦の破片による死傷率ならびに爆弾の爆発によつて煉瓦はがらがらとくづれる恐れがあり、この煉瓦のくづれによる死傷率が極めて高いからである。

右の記事中には、「台北帝大工学部の田中助教授（前内務省防空研究所技師）」とあり、田中は「内地の木造密集都市では消火第一主義」だが、台湾では「待避第一主義」だと説いていた。

やがて本格化した米軍による台湾への空襲では、焼夷弾も投下されたが、投下弾のほとんどは爆弾であった。爆弾と機銃掃射による膨大な数の犠牲者が出たのであった。なお、一九四五年三月の東京・名古屋・大阪・神戸への大空襲にはじまる米軍の大量焼夷弾攻撃によって、日本の大都市と多くの地方都市が焦土と化した。

四四年四月以降の『台湾新報』には、各地の防空訓練を報じる記事が掲載されている。「空襲何ものぞ、注水に吾この腕前あり」とか、「防空陣は鉄壁　優秀群査閲に日頃の成果発揮」といった記事には、もんぺ姿でバケツを持った女性たちの写真が掲げられた。空襲は「今までのような生易しいものではない」、「待避第一主義」であると説かれる一方で、バケツリレーの防空訓練を通して、台湾要塞化の一環としての精神主義的訓練が実施されたのだった。

六月の『台湾新報』には、「要塞台湾に対処　都市疎開要綱決る」の記事が掲載された。同記事は、六月一七日に発表された都市疎開要綱を掲げ、次のように報じていた。

最近の防空情勢に備へると同時に、台湾における必勝の防空態勢を整へるためで、さしあたり台北、基隆、台南、高雄の四都市の中の人口過密地区に対し、市民の忠誠心に愬《うった》へて疎開を勧奨するものである。いふまでもなく疎開地区は盲爆から逃れるのではなく飽までも損害を最小限度に喰ひ止めると同時に、都市の防空活動を活発化させるために実施するものであり、従つて指定区域に居住しないでよい市民はもとより、指定区域外のものといへども右の趣旨から進んで分散疎開すべきである。

右の文の後に掲げられた要綱には、「当該地区内居住民に対し自主的に疎開することを勧奨す」「疎開はなるべく世帯単位により転居するものとす」とあるが、指定区域外の住民にも「進んで分散疎開すべきである」との報道からみると、指定区内の分散疎開はかなりの強制を伴う「勧奨」だったのではなかろうか。このときの指定区域とは、台北・基隆・台南・高雄の四都市内の人口一人あたり市街地面積六坪、二〇平方メートル以下の町を対象としていた。

六月の『台湾新報』には「防空必勝の構へ」、七月には「防空の構へは全きか」、「守ろう・吾等の空」、「奉公防空群に人的悩み」などの記事が掲載された。六月の記事は、台南市と嘉義市の警防団記念式典の模様を報じたものであり、七月の記事は素掘りの待避壕増設と疎開に関する記事である。「奉公防空群に人的悩み」の記事では、「勧奨で疎開せずば強権発動」と報じられた。

やがて空襲が本格化すると、激しい空襲にみまわれた都市では防空要員を残して、女性と子供と高齢者が農山村に疎開するケースが増えた。

志願兵、軍属、看護助手

台湾軍と総督府が志願兵制の実施を発表したのは、一九四一年（昭和一六）六月だった。三か月後の九月には志願者が三千人を超えた。うち八人は看護婦志願の女性だった。半年後の一二月に志願者八千人と発表された。

翌四二年二月に陸軍特別志願兵令が改正され、四月一日から台湾に陸軍特別志願兵制が実施された。四二年二月二八日付の台湾総督府『府報』号外に掲載された「諭告」には、次のように記されている。

兵役ノコトタルヤ日本臣民ノ享受スル絶対至高ノ国民的栄誉ニシテ、今本制度施行ニヨリ本島六百万ノ島民ハ斉《ひと》シク此《こ》ノ崇高ナル兵役ニ服シ国家保護ノ大任ニ就クノ光栄ヲ担フニ至ル。康福《こうふく》何物カ之ニ如《し》カン。

抑《そもそ》モ台湾統治ノ大本ハ島民ヲシテ皇国臣民タルノ本義ニ徹シ、内台一如真ニ喜憂ヲ分チ衆庶一心以テ君国ニ尽サシムルニ在リ。歴代総督夙《しゅく》夜《や》懈《おこた》ラズ只管《ひたすら》一視同仁ノ聖旨ヲ奉戴シテ施政ノ伸張民福ノ増進ヲ図リ以テ今日ノ成績ヲ見ルニ至レリ。

続いて「諭告」は、「支那事変並ニ大東亜戦争ノ勃発ニ際《いた》リ顕現セル愛国ノ至誠ハ内外ノ斉シク嘆賞スル所ニシテ、本制度ノ実施ヲ見ル所以《ゆえん》亦茲《ここ》ニ存スト謂《い》フベク寔《まこと》ニ慶賀ニ堪ヘザルナリ」と述べている。台湾における志願兵制の実施は、「日本臣民ノ享受スル絶対至高ノ国民的栄誉」であり、「慶賀ニ堪ヘザル」措置だというのであった。すでに実施されていた徴用制による多くの「応召者」もまた、「日本臣民」として「栄誉」とされた軍務に就いていた。だが、戦局の悪化とともに台湾人軍属の戦死者は増え、四四年以降は膨大な数の犠牲者が出たことはすでに記した。

一九四三年の『台湾日報』には、「志願者殺到」「張切る志願群像」「南方進出希望者へ」などの記事が掲載された。これらの記事とともに、二月には「護国の華と散つた」台湾人軍属の「記念碑竣工式」が台南で挙行されたと報じられ、四月には「大東亜戦争の華　本島人百二名に恩命」の見出しで、論功行賞の「本島人軍属」の氏名が掲げられた。同記事には、「慈母高陳《こうちん》氏進《しん》さん」は「恩命を受け恐懼《きょうく》感謝に堪えません」と語り、「せめてもそれを唯一遺品」として遺児となった孫を立派に育てたいと述べ、「張君の遺族」は「瑞仁《ずいじん》よ、よく遣つた」と「恩命に感涙」したなどと記されている。

翌四四年二月の『台湾日報』には、「純情乙女の赤誠」の見出しで、台南州の看護助手志願者四七六人（うち家政女学校以上の者一二三人）と報じられ、「女吾等顧みなく征くの」の見出しで、看護助手合格者八七人の氏名が掲載された。そして五月の『台湾新報』には、「をみなと言へど

をみなと言へど命懸け
看護助手の壮行會

『台湾新報』1944年５月17日付

命懸け」の見出しで、写真を掲げて「看護助手の壮行会」の模様が報じられた。

四三年三月の『台湾日報』に掲載された「看護助手募集」の記事では、派遣人員一五〇人（うち内地人二人、本島人一四八人）となっていて、各州への割り当ては台北州四八人、新竹州二五人、台中州三〇人、台南州三〇人、高雄州二五人であった。派遣先は香港陸軍病院となっていて、日本赤十字社派遣看護助手として傷病兵看護を任務とし、初任給は五〇円だった。一年後の募集では台南州だけでも、ほぼ三倍八七人の看護助手が採用されたのだった。

四四年四月の『台湾新報』には、「輝く紅一点」の見出しで、第一七回死没者論功行賞の中に、「海外派遣看護助手」として第一線〇〇に於て」「使命遂行中」に病死した林《りん》和妹《わまい》が加えられたと報じている。この時期の記事では、

「第一線〇〇」「〇〇陸軍病院」となっていて派遣先が伏せられている。前にあげた四四年五月の「看護助手の壮行会」の記事でも、派遣先はわからない。同記事には、いく人かの看護助手の顔写真と言葉が掲載されている。そのうちの一人徐秋蘭《じょしゅうらん》は、「兄が南方戦線で戦つてゐます。負傷した兵隊さんを心から看護してあげたいと女ながら念願しました。」と語っていた。この記事が掲載されて三日後には、「武勲の両勇士散華」の見出しで、陸軍軍属林月徳《りんげつとく》（二〇歳）が「〇〇沖合で敵潜艦と交戦中壮烈なる戦死」を遂げ、海軍軍属荘定《そうてい》（二一歳）も「〇〇方面で散華した」と報じられ、さらにその二日後には「尽忠の英魂三百八十五柱」と報じられた。

『台湾新報』六月一八日付には、「忠霊」の見出しで、日本人兵士一人と台湾人軍属四人の戦死がそれぞれの顔写真とともに報じられている。その中の一人で嘉義市出身の海軍軍属呉丁溪《ごていけい》は、母と弟一人妹一人を残して出征していた。紙面には、「皇軍とゝもに日夜海上輸送に挺身敢闘し敵の熾烈《しれつ》な反抗をも物とせず重大要務を果して南海の華と散つた」と報じられている。「忠霊」または「護国の英霊」の見出しで報じられる台湾人の戦死者の数は、日を追って増加した。

　七月から八月にかけて、『台湾新報』は徴兵制の九月一日実施に向けての関連記事を掲載し、「徴兵準備はよいか」、「目指す甲種合格、適齢青年の合宿訓練行ふ」、「兵事行政に磐石《ばんじゃく》」、「完《まった》し・兵への道、高鳴る進軍喇叭《らっぱ》」、「徴兵対策推進要綱決定、至高の栄誉、醜《しこ》の御盾《みたて》」、「徴兵に完壁の準備」などと報じた。そしてこの間に、「防衛の完璧」と「人的、物的総力の戦場的切替へ」が訴えられ、「台湾戦場態勢確立」「全島民の完全武装」「突撃寸前の戦列に配置」、「人的国力の敵前結集」などの記事が掲載された。だが、同時期における南方戦線の現実は、新聞報道の勇ましい言葉とはあまりにもかけ離れた悲惨な状況下におかれていたのである。

大空襲始まる

一九四四年一〇月中旬に台湾全島に対し、米軍機によって最初の本格的で激烈な空襲が加えられた。『第十（台湾）方面軍作戦記録　台湾及南西諸島』（昭和二十一年八月調製）によると、一〇月一二日に延べ約一二〇〇機、翌一三日には延べ約一四〇〇機の艦上機と艦載機が来襲した。攻撃目標は、台北・桃園・新竹・台中・嘉義・岡山・屏東・小港を主とする全島の航空基地と、港湾、船舶、一部市街、工場、交通機関であった。

『第十（台湾）方面軍作戦記録　台湾及南西諸島』には、「十月に入るや太平洋方面敵艦隊の状況漸く活発となり」、「十月十日比島進攻の第一歩として米機動部隊二群は、払暁より南西諸島就中《なかんずく》沖縄本島を急襲」、「独立飛行第二十三中隊独力を以て邀撃《ようげき》せるも殆《ほと》んど全力を消耗せり」と記されている。

さらに、「南西諸島方面に在りし各船舶は大小殆んど撃沈せられ」、「那覇市街亦一挙に灰燼《かいじん》に帰す」、「十月十一日　別に一乃至二群の機動部隊は北部比島を強襲す」と書いたあと、「依て方面軍は翌十二日の台湾空襲必至」と判断して第八飛行師団防空兵力を配置したと記している。

第八飛行師団防空兵力配置は、飛行第十戦隊（司偵）台北一部屏東小港、飛行第十一戦隊（戦

闘）宜蘭、飛行第二十戦隊（戦闘）小港、集成防空第一隊（戦闘）台中、集成防空第二隊（戦闘）桃園であった。同方面軍作戦記録は、「以上海軍と合し戦闘機可動約一二〇機なり」と記している。

台湾総督府防衛本部防空部『昭和十九年自十月十二日至十七日　本島空襲状況』によると、一二日には午前八時から午後五時までの間に七回にわたってグラマン艦上戦闘機、カーチス艦載爆撃機が二〇〇〇乃至二五〇〇メートルの高度で進入し、宜蘭市を除く全島の各都市に爆弾および焼夷弾による急降下爆撃と機銃掃射を加え、あわせて伝単（宣伝びら）を撒布《さっぷ》した。

一三日と一四日には艦上機、艦載機のほかに中国大陸の米空軍基地からB29爆撃機少数機が来襲した。一五日はB29爆撃機とP38戦闘機の戦爆九機が進入して新竹・台中・台南・高雄の各都市上空を通過し、高雄市内に投弾した。一六日には、B24爆撃機とB29爆撃機五〇機が五〇〇〇メートルの高度で進入し、屏東・高雄・岡山・台南に爆弾と焼夷弾を投下し、一七日にはB29爆撃機二五機が来襲し台南海軍航空隊を爆撃したが、主にその他の地域の偵察写真撮影が目的と推測された。

一〇月一二日から一七日の空襲による死傷者は一八七五人、うち死亡七一一人、行方不明四九人、重傷三六六人、軽傷七四九人であった。建物被害は、住家全壊七六六、半壊五三二、大破六九一、小破二三五五、全焼一〇七六、半焼一〇一、一部焼四四、計五五六五棟、非住家（工場建物を含む）の全壊九二、半壊五九、大破一〇四、小破八二、全焼一二五、半焼八、一部焼七、計四七七棟となっており、一般住家の被害が圧倒的に大きかったことがわかる。

一二日から一八日までの七日間の空襲のうちで、もっとも激烈で被害が大きかったのは一二日である。この日一日だけで死傷者は一一四七人、うち死亡三八五人、行方不明四九人、重傷二三〇人、軽傷四八三人であった。一〇月の空襲のあと年末まで、しばらく平穏な日が続いたが、年が明けて一九四五年一月三日に再び全島への激しい攻撃があり、以後空襲はほとんど日常化した。

一〇月中旬における台湾への本格的空襲の最終日となった一八日に、大本営はフィリピン方面に陸海軍の主力を集中して決戦を行う作戦、すなわち捷《しょう》一号作戦発動を命令した。二日後、米軍はフィリピン中部レイテ島に上陸した。さらに四日後の一〇月二四日にレイテ沖海戦があり、日本海軍は連合艦隊の主力を失った。一二月一九日、大本営はレイテ地上決戦方針を放棄した。

この間の一一月一日、マリアナ基地を飛び立ったB29爆撃機が東京を偵察し、同月二四日にはマリアナ基地発進のB29多数機が東京を爆撃した。豪北地域における日本軍の敗退と同時期、四四年六月と七月に、マリアナ諸島のサイパン、グアム、テニヤンに次々と米軍が上陸し、七月初めから八月初めまでの間にこれらの島を占領した。マリアナ諸島占領後、米軍は日本本土空襲のためのB29爆撃機基地の建設を急ピッチで進めたのである。

ところで、日本においては、マリアナ基地発進のB29爆撃機による日本本土空襲の記録化や研究が大いに進展していて、数多くの文献、論文が発表されている。だが、戦争末期に米軍による台湾への激しい空襲があったことは日本では知られていない。

台湾においても、統治下にあった台湾の人びとが疎開を強いられ、空襲の恐怖にさらされ、大きな被害を受けた。この事実も当然のことながら、等閑視されてよいはずはない。太平洋戦争中に、徴用や徴兵によって台湾の多くの人びとが犠牲になった事実とともに、空襲による被害についても忘れてはならないと思う。

防空の実態

台湾への米軍による初の本格的空襲の直前、『台湾新報』一〇月一一日付は「防空陣は鉄壁真剣、戦時災害業務訓練」と報じていた。空襲まっただ中の同紙一〇月一三日付には、「びくともせぬぞ防空必勝の心構へ」、一四日付に「戦ひ抜け　空襲を恐れるな」、一五日付に「醜機の盲爆なんぞ　厳たり制空陣　我れに皇軍の敢闘あり」と報じた。

一五日付の記事では、大本営発表として、「十二日十三時までに判明せる撃墜敵機約百機、また同夜の攻撃にて撃沈空母一隻、撃破空母一隻艦種不詳一隻の我が航空部隊の赫々《かっかく》たる大戦果」と記されている。

だが、前掲の『第十（台湾）方面軍作戦記録　台湾及南西諸島』は、この時の空襲に際し、台湾防空兵力として配置された第八飛行師団について、「空母攻撃に適する機種なきと、昼間進攻の為には掩護《えんご》戦闘戦力なく、夜間進攻の為には能力不十分なるを以て、進攻を実施することなく唯司偵を以てする」と述べている。

続いて同記録は、「地上に於ける実質的損害は極めて軽微」、「空中戦闘に於て飛行機の損害陸海軍を合し約七十」、「基隆港に於ける損害は僅少なりしも高雄港湾施設及在泊船舶は相当なる損害を被れり」、「機動部隊の空襲に際しては特に有力なる我が防空戦力なき限り、船舶は殆ど無防護に近く船舶の損害甚大」と述べたあと、次のように記していた。

本空襲は我領土に対する本格的空襲の最初のものにして、而も異民族を擁する台湾に於ては人心の動向に相当の反響あるべきことを予想せられたるも、沖縄に於ても台湾に於ても何等の不安動揺を感ぜられず、却《かえっ》て戦意を昂揚する処《ところ》となる。破壊せられたる飛行場復旧作業に対する協力は内地人、台湾人共に其《そ》の差なく献身的に施行せられたるは涙ぐましき程にして、台湾人の戦争遂行に対する熱意を表現せるものとし欣快《きんかい》に堪えざるものあり。

一〇月の空襲から一か月後の『台湾新報』一一月一二日付は、「空襲から丸一ケ月」の記事を掲げ、「防衛に筋金入れよ」、「敵機再来は必至だ」、「防空はこゝろ構へだ」、「訓練が物を言ふ実践」と記した。同年一二月二一日付には、「防空都市建設へ」の記事が掲載されていて、総督府令をうけて設定された防空空地および防空空地帯を設ける作業が開始されたと報じられた。

空襲の激化

一九四五年（昭和二〇）一月三日、米軍戦闘機と爆撃機による台湾全島への大規模空襲が再開

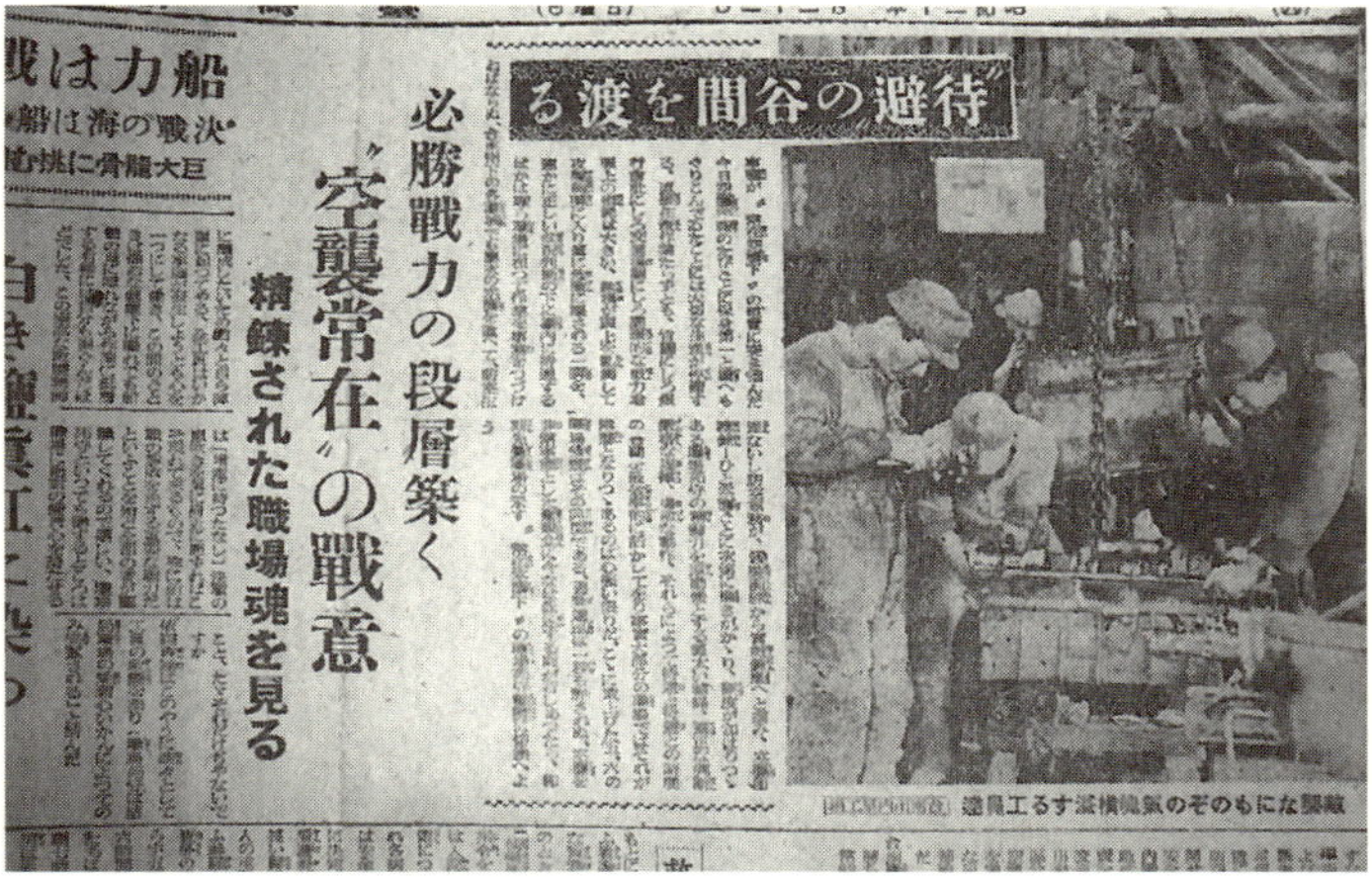
〝待避〟の谷間を渡る
必勝戰力の段層築く
〝空襲常在〟の戰意
精錬された職場魂を見る

『台湾新報』1945年1月22日付

された。一月三日と四日の両日には、グラマン艦上戦闘機とカーチス艦載爆撃機にB24とB29爆撃機を加えた延べ八三四機が来襲した。両日ともに昼間の攻撃であり、爆弾投下を主とし若干の焼夷弾が投下され、機銃掃射が行われた。

一月六日昼にはB24爆撃機一機が飛来し、九日昼にはグラマン艦上戦闘機とカーチス艦載爆撃機が延べ四〇五機来襲して全島各地を爆撃した。一二日以降は連日連夜、単機あるいは少数機または多数機による空襲が続いた。

台湾総督府警務局防空課の極秘文書「台湾空襲状況集計　昭和二十年一月中」によると、同年一月の空襲による死傷者数は一五〇二人、うち死者四八〇人、行方不明五人、重傷二九七人、軽傷七二〇人であった。建物被害数は三一六一棟、うち住家の全壊は四三〇棟、半壊九一〇棟、小破一二四二棟、全焼一一五棟、半焼二棟であり、非住家の全壊は六八棟、半壊一二八棟、小破一二六棟、全焼一三四棟、半焼六棟であった。台中州・台南州・高雄には、「君たちの指揮者は嘘つきだ‼」「更生の道を辿《たど》る諸君の戦友」「婆々芸者と軍部」といった伝単が撒布された。

空襲が日常化するなかで、『台湾新報』一九四五年一月一八日付は、「空襲は常態」「信号あらば確実な待避」「隙間潜つて職域奉公」と記し、同月二二日付は「必勝戦力の段層築く〝空襲常在〟の戦意」「精錬された職場魂を見る」などと報じた。

台湾総督府警務局防空課の「台湾空襲状況集計」は、一九四五年一月から八月までほとんど連日にわたった空襲とその被害状況を記し、各月別に集計したものである。この集計には、「来襲及投下弾の状況」「伝単撒布状況」「死傷者数及建物被害数」「生産工場其他重要施設」「重要物資」「鉄道関係」「通信関係」「電力関係」「水道関係」「船舶関係」についての情報が克明に記されている。

「来襲及投下弾の状況」には、来襲日、昼夜の別、来襲機種、機数、来襲地区、弾種、地区別投下弾数、銃爆撃地の状況などが記されており、「生産工場其他重要施設」では、工場名、所在地、被害状況の詳細が記されている。表1は、一九四五年一月から八月までの台湾総督府警務局防空課「台湾空襲状況集計」の各月の記録から作成し、死傷者数を表わしたものである。

この統計上においては、一九四五年一月三日から同年八月一二日までの米軍の空襲による死傷者は一万三八九七人、うち死者五三八九人である。表1をみると、三月から五月の空襲がとくに

表1　米軍空襲による死傷者数〈台湾，1945年1－8月（　）内は死者数　単位：人〉

地域／月	台北州	新竹州	台中州	台南州	高雄州	台東庁	花蓮港庁	澎湖庁	合計
1	298 (64)	90 (38)	302(112)	273 (87)	480(167)	43(10)	6 (1)	10 (1)	1,502 (480)
2	18 (1)	3 (0)	94 (32)	95 (25)	1,434 (596)	18 (7)	53(15)	17 (7)	1,732 (683)
3	449(142)	402(127)	308(133)	1,812 (686)	389(146)	9 (1)	2 (1)	48(21)	3,419(1,257)
4	494(118)	186 (57)	341(129)	759(226)	187 (46)	102(28)	64(23)	10 (4)	2,143 (631)
5	1,491 (759)	276(120)	202 (66)	559(180)	502(181)	12 (3)	29(14)	0 (0)	3,071(1,323)
6	465(266)	74 (28)	263(100)	162 (85)	226(142)	31(18)	0 (0)	5 (2)	1,226 (641)
7	314(137)	92 (46)	161 (60)	25 (12)	121 (47)	0 (0)	15(12)	0 (0)	728 (314)
8	32 (21)	2 (1)	0 (0)	14 (13)	28 (25)	0 (0)	0 (0)	0 (0)	76 (60)
計	3,561(1,508)	1,125 (417)	1,671 (632)	3,699(1,314)	3,367(1,350)	215(67)	169(66)	90 (35)	13,897(5,389)

（注）　台湾総督府警務局防空課『台湾空襲状況集計』（1945年）から作成。

表2　空襲による建物被害数〈台湾，1945年1－8月（　）内は全壊全焼数　単位：棟〉

地域／月	台北州	新竹州	台中州	台南州	高雄州	台東庁	花蓮港庁	澎湖庁	合　計
1	513 (66)	592 (73)	599(120)	373(117)	970 (349)	13 (13)	32 (6)	69 (3)	3,161 (747)
2	0 (0)	0 (0)	0 (0)	12 (2)	2,302(1,103)	19 (16)	0 (0)	0 (0)	2,333(1,121)
3	394(149)	364(158)	371(219)	4,924(2,743)	1,125 (745)	9 (9)	3 (2)	212(73)	7,402(4,098)
4	487(138)	227 (76)	720(464)	6,664(5,813)	514 (202)	236(117)	305(106)	6 (3)	9,159(6,919)
5	3,153(1,533)	730(377)	481(260)	2,581(2,130)	3,181(2,524)	43 (25)	125 (57)	0 (0)	10,294(6,906)
6	1,595 (801)	258 (24)	938(752)	523(475)	2,128 (954)	714(559)	2 (1)	0 (0)	6,158(3,566)
7	579(339)	138 (68)	466(213)	21 (12)	449 (127)	0 (0)	41 (27)	0 (0)	1,694 (786)
8	42 (21)	10 (4)	0 (0)	15 (9)	8 (3)	0 (0)	0 (0)	0 (0)	75 (37)
計	6,763(3,047)	2,319 (780)	3,575(2,028)	15,113(11,301)	10,677 (6,007)	1,034 (739)	508(199)	287(79)	40,276(24,180)

（注）　台湾総督府警務局防空課『台湾空襲状況集計』（1945年）から作成。

激烈だったことがわかる。三月の死傷者三四一九人、うち死者一二五七人、五月の死傷者三〇七一人、うち死者一三二三人であった。

地域別にみると、三月、四月、五月の空襲では、台北・新竹・台南の各地域へ激しい爆撃が加えられたことがわかる。B24爆撃機八九機が来襲した五月一五日の新竹への空襲は、激烈をきわめた。この日新竹に投下された投下弾について、「台湾空襲状況集計　昭和二十年五月中」には、爆弾三〇〇〇個、焼夷弾三〇〇個と記されている。

五月一五日の新竹への空襲は、午前から午後二時にかけての新竹市街への爆撃だった。この空襲によって市民に多数の犠牲者が出た。鄭順娘がたくさんの遺体が並ぶ新竹駅を出て、月の光に照らされた路地のあちこちの電柱に、爆弾でちぎられた手や足やスカートがぶらさがっているのを見たのは、この日の夜のことである。なお、高雄州には、台北・新竹・台南への空襲が激化する二か月前の一九四五年二月に、激しい爆撃があったことがわかる。

建物被害について

表2は、空襲による建物被害について表わしたものである。住家と非住家（工場建物を含む）を分けた集計は、前掲の『昭和十九年自十月十二日至十七日　本島空襲状況』と「台湾空襲状況集計　昭和二十年一月中」には記されているが、一九四五年二月以降は区別されず、一括した建物被害の統計数字が記されている。四四年一〇月と四五年一月の空襲では、非住家（工場建物を

含む）の被害よりも住家の被害が圧倒的に大きかったことがわかる。したがって、四五年二月以降の空襲においても、市街地への爆撃によって、住家の被害が甚大であったことが推測される。

一九四五年一月から八月までの空襲による建物被害の総数は四万二七六棟、うち全壊九一六七棟、全焼一万五〇一三棟であり、全壊と全焼の合計は二万四一八〇棟であった。表2から、台北州には五月と六月、台南州へは三月、四月、五月、高雄州には二月、三月、五月、六月に爆撃が集中したことがわかる。なかでもとくに、四月の台南と五月の台北への空襲が激しかったことがうかがえる。

前掲『第十（台湾）方面軍作戦記録　台湾及南西諸島』には、「台湾空襲の状況」として、「比島方面米空軍の台湾に対する空襲は四、五月頃に至り最も熾烈《しれつ》を極め連日連夜に亘《わた》り全島の飛行場、市街、港湾、鉄道、船舶其の他主要施設を徹底的に爆撃す」と述べた上で、次のように記されている。

航空関係に於ては半歳に亘る準備に依り数百機を擁し乍《なが》ら損耗極めて微々たるものにして戦力に影響する処僅少《きんしょう》、全般の士気旺盛なり。

都市――主要なる都市は殆《ほとん》ど破壊せらる。

高雄、屏東、台南、嘉義、新竹、基隆等は損害特に甚《はなは》だし。台北、台中は比較的損害少なり。

港湾――高雄、基隆、蘇澳《そおう》、花蓮港《かれんこう》亦夫々《それぞれ》爆撃を受けたるも致命的ならず。

鉄道——機関車の約半数、停車場の建物の大半等を爆撃せられしも之亦致命的ならず。続いて、「各地の工場は徹底的に破壊せられたり、特に比較的都市を離れて存在しありし製糖、油精工場の損害大なりしは燃料問題上影響大にして、一時全島自動車の運行中止し、且爾後《じご》の自動車の運行に相当大なる制限を要するに至れり」と述べられている。ただし、軍需品集積所に対する爆撃については、「其の損害は僅少」であったと記されている。なお、「軍事極秘　台軍情甲第十五号　情報記録　自五月二十一日至五月三十一日　昭和二〇・六・五　台湾軍司令部」の「別紙第四　台湾敵機来襲状況（五月下旬）」には、来襲機数前旬ニ比シ減少セルモ依然昼間ハB24B25ヲ主トスル戦爆連合多ク夜間ハ少数機ニヨル天偵爆撃ナリ」と記されている。

終戦前後の状況

台湾総督府残務整理事務所『台湾統治終末報告書』（昭和二十一年四月）の冒頭には、「四月下旬在台四十余万の軍官民の引揚還送が完了致しました」とあり、続いて「終戦直前の島情」「終戦直後の島情」「接収の概況」「本島人の動向」「在留日本人の動向」「在留日本人の還送及財産処理」についての概略が記されている。「終戦直前の島情」には、次のように述べられている。

当時フイリッピン戦線日に不利となり、沖縄亦陥落の余儀なきに至り、敵機の来襲次第に激烈となり、台湾周辺の戦機愈々《いよいよ》緊迫を告げて参りましたので、台湾戦場化必至の想定の下に、総督府に於きましては軍と表裏一帯となり飛行場の増設、築城陣地構築等邀撃《ようげき》態勢強化に島民の総力を結集せしめまするると共に、主要食糧の生産配給の確保に最善を尽くす外、各種軍需資材及生活必需物資の島内自給を図り、且凡《あら》ゆる施策の根底として治安の維持、民心の把握に不断の配意と警戒を致しました。島民も亦日本人は素《もと》より本島人に於きましても官の施策に即応致しまして、予想以上の協力の実を示し、空襲の危機に曝《さら》されつゝも困苦欠乏に耐へ、多数の青年を従軍せしめました外、或《ある》ひは各種軍事施設作業に、輸送に、生産に寄与致して参り、幾多の悪条件下兎《と》も角も戦場態勢の整備強化に軍官民一体となり、涙ぐましき努力を傾注し来り、相当実績を収めて参った次第であります。

右の文は、敗戦に直面した植民地統治者の目から、戦争終末期を振り返った台湾の状況である。これをとおして、敗北した統治者の意識を読み取ることが可能なことはもちろんのこと、そこを突き破って当時の状況を見たとき、徴兵や徴用、さまざまな形の動員、そして「空襲の危機」にさらされた生活のただ中にあった台湾の人びとの「困苦欠乏」に耐えた現実、すなわち統治者の意識とは違った意味の「涙ぐましき」人びとの現実が浮かび上がってくる。

同報告書の「終戦直後の島情」には、「一時は呆然《ぼうぜん》自失為す処を知らざる状態」「在留日本人は将来の国運の悲惨なるを想《おも》ひ沈痛悲憤の情押へ難き余り如何《いか》なる挙に出ずるや測り難く、本島人の帰趨《きすう》も予断を許さざるものあり」と記され、終戦当日八月一五日に「只管《ひたすら》大詔を奉じ軽挙妄動」を慎むよう「総督諭告」を発したとあり、次のような記述がみられる。

当初憂慮致しました如き突発事件もなく民情に大なる変動を見ず、大勢は事茲《ここ》に至っては已《や》むなし、大詔を奉行し如何なる困難も甘受してポツダム宣言の履行に努むるの外なしとの決意を固むるに至り、本島人に於ては戦争終結に於ては戦争終局に依る安堵と明朗の気分が看取せられた外、種々複雑な感情の潜在底流するのを認められましたが、将来の見透し明確ならざることと無傷の日本軍が現存致して居りまする関係もありまして、表面上は従前と何等異なる処なく一部には寧《むし》ろ日本の敗戦を痛み悲しむ者すら散見せられ、平静の中に推移致しました事は洵《まこと》に幸ひと存ずる処であります。

台湾の人びとにとって、終戦は日本の植民地統治からの解放を意味した。戦争の終結と日本の統治からの解放の日を迎えたことによって、人びととの間に「安堵と明朗の気分」が広がったのである。ただし統治者は、いかなる不測の事態が生じるかわからないという不安をかかえていた。『台湾統治終末報告書』の「終戦直後の島情」の記述から、緊張のうちに一九四五年八月の敗戦の日を迎えた統治者の不安、とくに治安維持上の懸念とともに、引揚げが完了した後の翌年四月下旬から激変の八か月を振り返ったときの安堵の気持ちを読み取ることができる。

同報告書の「本島人の動向」には、「解放光復の宣伝展開」によって「日本より離反するに至るを目の辺《あた》り見」、「異民族統治の困難」を「痛感致した次第」と述べつつも、「多くの本島人は終戦後今日に至る迄《まで》、一貫して日本人に対し親愛別離の情を示し」、「民衆も多く個人的感情としては日本人に対し同情の念を抱き居りたる事が窺《うかが》はれる」と記されている。五〇年にわたる植民地統治と戦時下の過酷な生活をくぐり抜けた台湾の人びとが、統治者であった日本人の悲運に対し「種々複雑な感情」を超え、人間的なあたたかい心情をもって接したという事実は、被統治者としての苦労の真実とともに歴史の上に明記しておかなければならないと思う。

あとがき

私が初めて台湾を訪ねたのは、二〇〇二年九月だった。大学の同僚三人とともに、台北での文献調査にでかけたのである。台風が来て終日ホテルに閉じ込められた日もあったが、最初に訪問した研究機関で、台中における北村兼子の講演内容を記した昭和初期発行の漢文の文献が目にとまった。

その三年前、一九九九年一二月に出版した拙著『北村兼子　炎のジャーナリスト』では、紙数の関係もあって、北村と台湾については「台湾、中国の旅」の一小見出しの叙述にとどまり、それが心残りになっていた。北村兼子には『新台湾行進曲』の著書があり、彼女の遺著『大空に飛ぶ』には「台湾民族運動史」が収められていて、北村兼子と台湾についてはより深く調べる必要があると感じていたのである。

台北で複写した北村の資料を手に日本に帰った私は、翌月二〇〇二年一〇月に同僚二人とともにアメリカを訪ねた。明治初年に岩倉使節団に同行してアメリカに留学した津田梅子や山川捨松と、彼女らと親交のあったアリス・ベーコンについての資料調査が目的だった。バージニアビーチで夕日に輝く大西洋を眺めたあと、鉄道でワシントン・フィラデルフィア・ニューヨークと北上した。この間にハンプトン大学・アメリカ議会図書館・ブリンマー大学・プリンストン大学・イエール大学で資料調査を行った。

台北での調査のあと日をおかずに、アメリカ東海岸を訪ねたことは、北村兼子の視野を理解する上で大いに役立った。北村はホノルルでの汎太平洋婦人会議とベルリンでの万国婦人参政権大会に出席し、ヨーロッパ各国とアメリカを訪ねたあと、台湾を訪問し香港に渡って中国を北に向かって縦断した。彼女は太平洋をはさんでアメリカと台湾を眺め、ソビエト・中国・朝鮮・日本の動向をとらえていたのである。

かつて私は、シベリア出兵時の日本軍の北満州展開について考察したことがあり、教派神道の朝鮮および満州への布教の実態や満州移民についての論稿を著書に収めたことがあった。この時には、近現代の日本を知るためには大陸からの視点が重要だと気付かされたのだったが、台湾に身体を移動させてみると、そこを要に扇を開くように中国大陸・朝鮮半島・日本列島・太平洋、そしてアメリカ大陸へと視界が広がるのを実感した。扇を回転させると、東南アジアへと視界は広がっていくのである。

それは単なる地図上の広がりではなく、政治・経済・文化・外交などさまざまな関係を含む視界の広がりである。日本の近現代についての理解を深めようとした場合、満州や朝鮮から眺めるだけではどうしても見えてこないものがあり、台湾から眺めたときに初めて見えてくるものがあることに気付かされるのである。両方の視界を十二分に検討することなしには、日本の近現代史の真実は見えてこないように思われる。

台湾での調査を開始してしばらくたった二〇〇四年一二月に、台中霧峰の明台高級中学を訪ねた。同校の前身は、一九三三年（昭和八）開学の一新義塾である。一新義塾は、林献堂《りんけんどう》の文化運動の理念を背景に、その長男攀龍《はんりゅう》によって開設された。

明台高級中学の校長室には兼任教師の張徳卿《ちょうとくきょう》氏がいて、来意を告げると董事長《とうじちょう》の林芳媖《りんほうえい》氏に紹介され資料室に案内された。資料室には林献堂家の貴重な書籍や文書、調度品などが展示されていた。このとき、林芳媖氏から『灌園《かんえん》先生日記』（一）〜（八）を寄贈いただいた。「灌園先生」とは、林献堂のことである。

校長室で会った張徳卿氏は、八十歳前の風格のある紳士だった。戦後、長く国民学校の校長を務め、台中県の教育界で活躍して来た。定年退職後も、いくつかの高級中学で兼任教師として教壇に立っていて、この時は明台高級中学に勤めていた。

張徳卿氏とのこの日の出会いは、その後の台湾での私の研究調査の方向を決める大きなきっかけとなった。というのは、この日から張氏とは年齢を越え、住む場所を越えた親しいつきあいがはじまったからである。台中を訪ねるたびに張氏に会い、その厚意でいろいろな人に紹介された。今も活躍中の大正生まれの人たちから、話を聞かせてもらうことで研究を進展させたいと決めたのは、張徳卿氏との出会いがあったからである。

本書は、多くの台湾の方がたの好意と力添えがなければ、とても執筆できるものではなかった。多くの方がたのお話を思い浮かべながら、私は歴史とは何かという難題にあらためて直面した思いがしている。歴史の真実をどのように問い、それにどう真向かうべきなのだろう。まことに重い課題である。

本書執筆のための調査においては、次の方がたのお世話になった。

楊劉秀華氏、蔡孔雀氏、葉英杰氏、彭王蘭招氏、廖里氏、黄王一媛氏、王桂芬氏、蘇天賞氏、李棟梁氏、楊喜松氏、林恩魁氏、沈鄭秋桔氏、沈崅煌氏、林垂訓氏、林鄭順娘氏、林啓三氏、徐達璋氏、徐巫慶鶯氏、林耿清氏、林鄭艶香氏、蔡金水氏、張徳卿氏、林芳媖氏、林垂益氏、趙宗冠氏、廖継璋氏、彭明仁氏、卞鳳奎氏、高淑媛氏、陳文添氏、宮嵜順子氏。

調査の過程において、東京女子医科大学史料室と社団法人至誠会の協力をいただいた。

なお、屏東では親切な大学生二人の世話になり、台北では高校生たちの世話になった。旅のいくつもの出来事は、ほのぼのとした思い出となった。

本書執筆の基礎にした既発表の拙稿は、「北村兼子と林献堂」、「北村兼子と台湾」、「『台湾民報』掲載のフェミニズム関係記事」、「記憶の中の台湾と日本——統治下において高等教育を受けた人びと」(1)と(2)、「一九四五年米軍空襲下の台湾」などである。本書は科学研究費補助金基盤研究(c)「大正・昭和初期日本女性史と台湾——北村兼子と『婦人毎日新聞』『台湾民報』」および、科学研究費補助金基盤研究(c)「昭和前期日本の社会・文化史と台湾――台湾知識人精神史の記録化」の成果である。

本文中に引用した資料は原文のままを原則としたが、適宜、句読点とルビを付し、常用漢字を使用した。明白な誤字は正しておいた。また、本文中では敬称は略した。聞書きはできるだけ意を尽くした記述に努めたが、至らない点があればご寛恕のほどを切に願う次第である。

最後に、お世話になった方がたと、台湾を訪ねるたびに私と娘静にあたたかい心をおかけくださった台湾の皆さまに心からお礼申し上げます。

二〇〇八年一月二一日

大谷　渡

文献一覧

伊藤幹彦「皇民化運動と戦時動員体制——日本人意識と台湾人意識」『アジア文化研究』第四号、一九九七年六月
王郭章『図説竹塹』国立清華大学出版社、二〇〇四年
大谷渡『北村兼子　炎のジャーナリスト』東方出版、一九九九年
大谷渡「北村兼子と林献堂」『関西大学文学論集』第五四巻第四号、二〇〇五年三月
大谷渡「北村兼子と台湾」『関西大学文学論集』第五五巻第三号、二〇〇五年一二月
大谷渡「『台湾民報』掲載のフェミニズム関係記事」『大正・昭和初期日本女性史と台湾——北村兼子と『婦人毎日新聞』『台湾民報』（平成一六年度〜一七年度科学研究費補助金（基盤研究（C））研究成果報告書）』二〇〇六年三月
大谷渡「記憶の中の台湾と日本——統治下において高等教育を受けた人びと」『関西大学文学論集』第五六巻第四号、二〇〇七年三月
大谷渡「記憶の中の台湾と日本（2）——統治下において高等教育を受けた人びと」『関西大学文学論集』第五七巻第二号、二〇〇七年一〇月
大谷渡「一九四五年米軍空襲下の台湾」『南島史学』第七〇号、二〇〇七年一二月
加藤邦彦『一視同仁の果て　台湾人元軍属の境遇』勁草書房、一九七九年
簡烱仁『台湾民衆党』稲郷出版社、二〇〇一年
北村兼子『新台湾行進曲』婦人毎日新聞台湾支局、一九三〇年

北村兼子『大空に飛ぶ』改善社、一九三一年
喜安幸夫『台湾の歴史』原書房、一九九七年
洪郁如『近代台湾女性史』勁草書房、二〇〇一年
近藤正己「異民族に対する軍事動員と皇民化政策――台湾の軍夫を中心にして」『台湾近現代史研究』第六号、一九八八年一〇月
近藤正己『総力戦と台湾　日本植民地崩壊の研究』刀水書房、一九九六年
史明『台湾人四百年史　秘められた植民地解放の一断面』鴻儒堂出版社、二〇〇五年
周婉窈「日本在台軍事動員与台湾人的海外参戦経験　一九三七〜一九四五」『台湾史研究』第二巻第一期、一九九五年六月
周婉窈『日拠時代的台湾議会設置請願運動』自立報系文化出版部、一九八九年
竹中信子『植民地台湾の日本女性生活史　大正篇』田畑書店、一九九六年
竹中信子『植民地台湾の日本女性生活史　昭和篇（上）』田畑書店、二〇〇一年
張彝孕『ニューギニヤ昔の思い出（回憶録）』一九九五年
陳俐甫「第二次世界大戦時期日本対異民族的軍事動員」（日台交流センター編『歴史研究者交流事業（招聘）研究成果報告書（上）』財団法人交流協会、二〇〇三年三月）
陳永興『台湾医療伝奇人物』春暉出版社、二〇〇三年
藤原正巳『台中・日本統治時代の記録』台湾区域発展研究院台湾文化研究所、一九九六年
松尾尊兊「コスモ倶楽部小史」『京都橘女子大学研究紀要』第二六号、二〇〇〇年三月
楊基銓『台湾に生を享けて』日本評論社、一九九九年

藍博洲『日拠時期台湾学生運動（一九一三―一九四五年）』時報文化、一九九三年
林恩魁『我按呢行過変動的時代』一橋出版社、二〇〇六年
林進発『台湾人物評』赤陽社、一九二九年
林鄭順娘『二つの時代に生きて』一九九八年
林鄭順娘『半生略記』一九九五年

『灌園先生日記』（一）～（八）、中央研究院台湾史研究所籌備所、二〇〇〇年
『情報記録』台湾軍司令部、一九四五年六月
『昭和五年台湾蕃地霧社事件史』台湾軍司令部
『昭和十二年台湾第三十三統計摘要』台湾総督官房調査課、一九三九年
『昭和十三年台湾第三十四統計摘要』台湾総督官房企画部、一九三九年
『昭和十九年自十月十二日至十七日　本島空襲状況』台湾総督府防衛本部防空部
『新竹高女同窓会会員名簿』二〇〇一年
『図説日本女子大学の八十年』一九八一年
『戦史叢書　豪北方面陸軍作戦』朝雲新聞社、一九六九年
『戦史叢書　西部ニューギニア方面陸軍航空作戦』朝雲新聞社、一九六九年
『台中市史』台中市文化中心、一九九九年
『第十（台湾）方面軍作戦記録　台湾及南西諸島』一九四六年八月
『台湾懐旧』創意力文化事業有限公司、一九九〇年

『台湾空襲状況集計』台湾総督府警務局防空課、一九四五年
『台湾軍防衛作戦記録』一九四六年三月
『台湾史叢書2　日本統治下の民族運動（下巻）政治運動編』台湾史料保存会、一九六九年
『台湾省新竹県志』第二巻、一九七六年
『台湾人士鑑　台湾新民報日刊一周年記念出版』台湾新民報社、一九三四年
『台湾人士鑑　台湾新民報日刊五周年記念出版』台湾新民報社、一九三七年
『台湾人方面別（部隊別）人員統計表』一九五三年一月
『台湾総督府及所属官署職員録』一九二五年〜一九四四年
『台湾総督府第四十六統計書』台湾総督府、一九四四年
『台湾総督府編　台湾日誌　一九一九年〜一九四四年』南天書局、一九九四年
『台湾総督府府報』一九四〇年一月〜一九四二年三月
『台湾総督府官報』一九四二年四月〜一九四四年一二月
『台湾統治概要』台湾総督府、一九四五年
『台湾統治終末報告書』台湾総督府残務整理事務所、一九四六年四月
『宝島台湾』致良出版社、二〇〇四年
『東京女子医科大学小史――六十五年の歩み』一九六六年
『東京女子医科大学八十年史』一九八〇年
『不逞団関係雑件　台湾人ノ部』一九二一年〜一九二五年
『要視察人関係雑纂　本邦人の部　台湾人関係』一九二九年〜一九三五年

『要視察本邦人挙動関係雑纂』一九二五年
『萊園写真』明台高級中学、二〇〇二年
『林献堂逝世五十周年記念輯』明台高級中学、二〇〇六年

『外交時報』一九三〇年四月
『作品主義』一九三〇年一一月
『新使命』一九三〇年二月
『実業時代』一九三一年二月
『女医界』一九一五年一月～一九四一年五月
『騒人』一九三〇年四月
『台南新報』一九二〇年一月～一九三五年一二月
『台湾』一九二二年四月～一九二四年五月
『台湾時報』一九四三年一月～一二月
『台湾新報』一九四四年四月～一九四五年二月
『台湾新民報』一九三〇年三月～一九三二年四月
『台湾青年』一九二〇年七月～一九二二年四月
『台湾日日新報』一九一二年一月～一九四二年一二月
『台湾日報』一九四三年一月～一九四四年二月
『台湾民報』一九二三年四月～一九三〇年三月

『竹園』一九四二年
『日本女医会雑誌』一九二三年六月～一九四二年一一月
『婦女新聞』一九二五年一月～一九三〇年一二月
『婦人毎日新聞』一九二九年二月、一一月

大谷 渡（おおや・わたる）
関西大学教授。日本近現代史専攻・博士（文学）。1949年12月、奈良県に生まれる。関西大学文学部卒業、関西大学大学院修士課程修了。高等学校教諭、帝塚山短大・阪南大学・関西大学講師、関西大学助教授を経て現職。
著書に『管野スガと石上露子』『教派神道と近代日本』『天理教の史的研究』『北村兼子　炎のジャーナリスト』『大阪河内の近代』、編書に『石上露子全集』（いずれも東方出版）がある。
住所　奈良県磯城郡田原本町為川南12－2

台湾と日本
激動の時代を生きた人びと

2008年4月23日　初版第1刷発行

著　者――大谷 渡

発行者――今東成人

発行所――東方出版㈱
〒543-0052　大阪市天王寺区大道1-8-15
Tel.06-6779-9571　Fax.06-6779-9573

装　幀――森本良成

印刷所――亜細亜印刷㈱

落丁・乱丁はおとりかえいたします。
ISBN978-4-86249-107-7

北村兼子　炎のジャーナリスト　大谷渡　2500円

管野スガと石上露子　大谷渡　2100円

石上露子全集　大谷渡編　8000円

大阪河内の近代　東大阪・松原・富田林の変貌　大谷渡　2500円

天理教の史的研究　大谷渡　2650円

大阪砲兵工廠の八月十四日　歴史と大空襲　大阪砲兵工廠慰霊祭世話人会編　1500円

語りつぐ戦争　一〇〇〇通の手紙から　朝日放送編　1800円

「台湾略地図」1927年（昭和２）